小沢一郎 虚飾の支配者

松田賢弥
Matsuda Kenya

講談社

まえがき

顔がさっと気色ばんだ。眉間にしわをよせ、目を瞠《みは》って相手をにらみつける。

「なんで私が離党し、議員辞職しなくてはならないんですか」

その言動は、威嚇《いかく》そのものにしか映らなかった。5月11日のことだ。民主党代表の小沢一郎（67歳）は突然にも代表辞任を言明したのだった。

辞任に至る理由は誰の目にもあきらかだった。中堅ゼネコン、西松建設からの、10年余りで総額3億円にものぼる巨額な違法献金事件を引き起こした小沢が代表の座にとどまることに世論が抗《あらが》ったからだ。追い込まれた末の辞任だった。

しかし、代表辞任会見での小沢は西松事件にいっさい触れようとしなかった。わずかに、民放の女性記者から、遅きに失した辞任ではないかとその責任を突っ込まれ、「なんで私が……」と声を荒らげて威嚇する場面だけが脳裏に残った。

濃紺のスーツに薄い水色のネクタイを締めた小沢はひっきりなしにカメラのフラッシュを浴びていた。その顔をみながら、私は思った。

政権交代とは何か。

政権交代で何が変わるというのか。

政権交代の前にはすべてが許されるのか。

政権交代という看板を掲げていれば、ゼネコンから巨額なカネをもらい、そのカネも化けた政治資金で約10億円にのぼる不動産を買い集めたことにいまだ一片の釈明もしなくていいのか。

ゼネコンを操り、下請け業者らに自身への忠誠心を競わせるようにして「ゼネコン選挙」を繰りひろげてきたことに口を拭いつづけてもいいのか。

「小沢一郎に逆らったら仕事がもらえない」

土建業者らにそうまでいわしめた、「恐怖支配」の頂点に君臨してきたことに何の反省もないのか。

小沢一郎という男はこれまでもそうであったように、これからも虚飾に覆《おお》いつくされた支配者であり続けるのではないか。


どこまでもつづく一本道だった。

日が暮れかけていた。あたりは薄暗く、寒さで吐く息が白い。吹雪や雨風をよけるため、地元で「居久根《えぐね》」と呼ばれる屋敷林で囲まれた家々が散在している。私は近道をしようと、土手づた

山々が連なっている。その麓《ふもと》に焼石連峰《やけいしれんぽう》があった。

'08年の11月下旬。私は焼石連峰をのぞむ地区で大型建設工事に入っている胆沢《いさわ》ダムのなりたちを知るため地元の古老らを訪ね、記憶の糸をたぐり寄せてもらっていた。扇状地にひろがる胆沢平野。胆沢ダムは、岩石や砂利を幾層にも積み上げてつくる国内でも最大級のロックフィルダムで、'13年の完成をめざして工事が進められている。総工費は２４４０億円にのぼる。

ダムに至る国道沿いは、春ともなれば樹齢を重ねた数えきれない桜の大木がアーチを描くように枝を伸ばし、あたり一面が真っ白になるような大ぶりの花を咲かせた。土埃《つちぼこり》をあげたトラックの走る国道は、水沢の街にのびていた。ダムの工事現場からでも30分とかからない、その国道沿いに小沢一郎の実家があった。

岩手県奥州市水沢区（旧・水沢市）。

ＪＲ上野駅から３時間弱、東北新幹線にゆられて着く、水沢江刺駅。その駅舎は'85年２月に建てられたことが石碑に刻まれていた。駅周辺の集落は、南部鉄器・工芸品を職人らの家内制工業で仕上げる小さな鋳物工場が40軒ほど点在した、片田舎の〝キューポラのある町〟だった。

私はその水沢江刺駅から何度となく水沢の街に向かった。真夏は30度を超す炎暑の日がたびたびあった。蝉《せみ》がひっきりなしに鳴いていた。秋には畑いっぱいに赤いリンゴが実っていた。朝早くから平野が濃い靄《もや》に包まれる日もあった。一家総出の稲刈りが見られた。どこにでもある農村風景がひろがっていた。

しかし、北から南に流れる北上川に架かる橋を渡り、東北本線をまたぐ跨線橋《こせんきょう》を過ぎて水沢の街に入ると、目の前の風景は一変した。寂寞《せきばく》というしかない寂れた街並みだった。

私は東北本線・JR水沢駅のこぢんまりとした待合室で時間をつぶすことが間々あった。一ノ関方面の上り、盛岡方面の下りとも1時間に1、2本、ワンマンカーの車輛で走っていた。

夕刻、待合室の隅のテーブルには列車を待つ間、辞書をひらき、鉛筆でノートに走り書きをしている女子高生がいた。そのかたわらでは5～6人の中年男が車座になって、談笑していた。手にワンカップの酒を持っている。駅からバスで10分ほどの水沢競馬場の帰りらしかった。

「おめえ、勝ったのが」

「いやあ、少しな。運が良がったがらだべ」

「勝ったらな、飲むべ。人っ子のいいバアさんがやっている飲み屋あるからさ」

「いいや、老いぼれカカアが待ってるがら帰らねば」

「一杯だけだ、街に行くべ。まだ汽車が来ねえがら。街だ、街さ行ぐぞ」

私はわずかな間、その男らのあけっぴろげな訛声《なまりごえ》にぬくもりを感じた。

しかし、街とはいってもそこは日中でさえいたるところでシャッターが閉まっていて、腰を曲げた年寄りがたまに行き交うような場所だった。大通りから旧市街地に目を転じると、トタン屋根は錆《さ》び、むきだしのコンクリートの舗道はひび割れていた。

夜ともなればいくつもの小路に寄り沿うようにして軒端の灯がともったが、人影はまばらだった。その水沢が、まがうかたなく小沢の育った故郷だった。


標札に小沢一郎と記されていた。

何十年もの雨露によって黒っぽく変色した板で四方が覆われた、2階建ての民家は朽《く》ちていた。脇のほうから見ると、2階のガラス窓にはろくなカーテンも引かれず無造作にも模造紙のようなものが貼られているのだった。

旧・水沢市袋町2丁目。水沢駅から5分とかからない。車がひっきりなしに行き交う国道沿いにポツンとある民主党岩手県第4区総支部などの看板と、表に郵便ポストが出ている平屋建ての事務所を見過ごせば、やや奥まった場所に建つひなびた民家が小沢の実家とは気がつかない。

小沢の実家の裏手を歩いてすぐの所にこぢんまりとした焼き肉屋がある。いつも混み合っていた。かつてそこは小沢の番記者らの溜まり場だった。カウンターの隅でビールを飲み干しながら、私の脳裏をかすめるものがあった。小沢はまったくといっていいほど水沢に帰ることはなくなっていた。

中学3年で水沢から東京に転校し、元建設相の父・佐重喜《さえき》の後継として27歳で選挙に出るために戻ってきた小沢。それから40年、権力の階段を駆け上がり巨万の富を築いた小沢にとって、水沢は故郷でありながら、もはや故郷ではない——。

その象徴が、巨大な胆沢ダムと朽ちた実家のある水沢の街だ。2つは一本の国道でつながっている。しかし、ゼネコンは潤い、対照的に水沢の町は廃れゆく。なぜ小沢は故郷を一顧だにしないのか。

小沢にとって権力とはカネだ。生活ではない。失業や貧困を顧みるために権力を握るのではない。小沢にとって政治とは自身の、あくなき権力欲を満たすためのものではないか。

「疚《やま》しいことは一点もない」

西松事件で小沢の口にする常套句だ。私には法の網の目をくぐり巨額な蓄財をはかってきた男のいわしめている弁明の言葉に聞こえてならない。

追えば追うほど、私には小沢一郎という政治家が権力をカネに変えた男に見えてならなかった。

小沢一郎　虚飾の支配者◉目次

第3章 裏切りの歴史 89

第6章 岩手「小沢王国」の実像 191

小沢一郎　虚飾の支配者

第1章　西松事件は氷山の一角

3億円にのぼる西松からの献金

大寒の'09年1月20日、私は岩手県盛岡市にいた。

JR盛岡駅の地下道をくぐり、遠く岩手山が眺められる西口に出てほど近い場所に、ガラス張りの大型ビルがある。そこに入っている県立図書館で、私は日がな一日、「岩手県報」を閲覧していた。書庫から台車に積まれて出てきた県報は十数年分で膨大な量にのぼった。

県報の綴《つづ》りを1枚ずつめくり、私は目を皿にして準大手ゼネコン、西松建設がダミー(隠《かく》れ蓑《みの》)の政治団体を介して、民主党岩手県第4区総支部(以下、民主党岩手第4支部)など民主党前代表、小沢一郎の関連団体にどのくらいの献金をしているのかを探していた。

街は陽が落ちだすと底冷えに包まれ、手がかじかんだ。この日の夜だった。西松建設の約20億円にものぼる巨額裏ガネ事件の捜査は、ついに経営トップにまで及んだ。東京地検特捜部は、国沢幹雄前社長(70歳)を外為法違反《がいためほう》の疑いで逮捕したのだ。

何かが軋《きし》みながら急に回り出したことが、東京から遥か遠い雪国にいてもひしひしと伝わってきた。

国沢には、西松建設が実体を隠したダミーの政治団体を設立し、そこを通じて自民党や民主党の十数名の国会議員への違法献金を指示した疑いも持たれている。

西松建設の「ダミー団体」が行った献金（4年分）

新政治問題研究会

	'03年	'04年	'05年	'06年
陸山会	500万円	500万円	500万円	100万円
民主党岩手県総支部連合会	200万円	300万円	200万円	100万円
民主党岩手県第4区総支部	300万円	300万円	300万円	100万円

未来産業研究会

	'03年	'04年	'05年	'06年
陸山会	200万円	200万円	100万円	ー
民主党岩手県総支部連合会	ー	100万円	100万円	100万円
民主党岩手県第4区総支部	100万円	100万円	100万円	100万円

献金総額4600万円

西松建設による企業献金の隠れ蓑になったのは「新政治問題研究会」（’95年設立、以下、新政研）と「未来産業研究会」（’99年設立、以下、未来研）。どちらも西松建設の営業管理部の部長などを歴任したＯＢ２人が代表を務め、’06年にそろって解散している。

解散までの約10年間、２つの政治団体が行った政治献金やパーティー券購入は表に出ているだけでも総額４億８０００万円にのぼるという。このうち、’03年から’06年の４年間、複数の国会議員の政治資金管理団体などに献金が行われているが、最も高額だったのは、小沢が代表を務める政治資金管理団体、陸山会《りくざんかい》への２１００万円だった。

これとは別に小沢が最高顧問に就いている民主党岩手県総支部連合会（以下、民主党岩手県連）に１１００万円、さらに小沢自身が代表の民主党岩手第4支部に1400万円で、3団体への献金総額は4年間で4600万円にものぼった（前ページの表参照）。

西松建設が行った違法献金はそれ以前にも遡《さかのぼ》ることができる。岩手県の県報によると、民主党岩手第4支部に'00年、両団体から200万円、同じく'01年は600万円、'02年は700万円の計1500万円の献金が行われていた。

さらに、民主党岩手県連には'03年、西松建設の子会社、松栄《しょうえい》不動産（東京都港区）から100万円の献金が行われていたのである。

松栄不動産は西松建設の裏ガネを管理する役割を担っていたとされ、'09年1月14日には前社長の宇都宮敬（67歳）が外為法違反の疑いで、西松建設の前副社長・藤巻恵次（68歳）らとともに東京地検に逮捕されている。

東京に冷たい雨にまじって季節外れの雪が降っていた。

小沢を追い、雪にうもれた岩手と、肌寒い東京を行ったり来たりしていた私はその日の午後、地下鉄で西新宿に出た。と同時に、携帯が相次いで鳴り響いた。興奮気味の大声が耳に入る。

「小沢の秘書が逮捕された……」

「大久保の出身地はどこだ」

「とうとう、ここまで来たな」

私は内心、震えた。'08年7月の暑い夏から始まった〝小沢の金脈追及〟の取材が、予想もしえなかったある曲り角にきたことだけはわかった。長い政治のドラマの始まりだった――。

3月3日、東京地検特捜部は、民主党代表・小沢一郎の公設第一秘書で政治資金管理団体、陸山会の会計責任者・大久保隆規《たかのり》（47歳）を政治資金規正法違反（虚偽記載など）の容疑で逮捕した。

翌4日に特捜部は、小沢の故郷、岩手県奥州市《おうしゅうし》水沢区にある小沢事務所と、盛岡市にある民主党岩手県連の事務所に対しても家宅捜索を行った。水沢の事務所は小沢の実家と棟続きの平屋建てで、小沢自身が代表の民主党岩手第4支部が入っている。また、小沢は民主党岩手県連の最高顧問でもある。

秘書の大久保のほか、西松建設の元総務部長・岡崎彰文《おかざきあきふみ》（67歳）が逮捕され、先に外為法違反で逮捕されていた前社長・国沢も再逮捕された。政治資金規正法は、他人名義での献金や政党以外への企業献金を禁じている。西松建設は企業ぐるみでダミー団体を通じた違法献金のカネを捻《ねん》出《しゅつ》していた。

今回の立件で、西松建設が実態を隠したダミーの政治団体を通じて小沢側に献金したとされるのは、'03年から'06年まで4年間の4600万円だが、ダミー団体が存在した十数年にわたる献金総額は3億円にのぼるといわれる。

西松建設と小沢側との献金の枠組みは10年以上前から決まっていた。2つのダミーの政治団体分は年間1500万円、下請け企業から集めた分は年間1000万円の計2500万円。

大久保は陸山会から西松建設に請求書を送付。入金後、ダミーの政治団体に領収書を送っていたという。つまり、小沢側から西松建設に対し違法と知りながら年間2500万円の献金を要求していた疑いがあるというのだ。

西松建設元首脳と大久保秘書は、ともに違法行為に手を染めていた。「政権交代」を謳《うた》う小沢自身が、実のところ、首から下は汚れた金脈にどっぷりと漬かった旧態依然とした金権政治家であることが満天下に晒《さら》されたのである。

東京地検特捜部による事情聴取を受けた西松建設元幹部は3月4日、自宅前でこう吐露した。

「3月に入ってから、検察に呼ばれました。ダミーの政治団体は政治家に献金するために作った団体ではある。私も会員としてカネは払っていました。自分で現金を払うのではなく、ボーナスだったかで天引きされて払っていたんです。ただ、上からは説明があったので、そういうこと(政治献金であること)はわかっていました。

特捜部には『(西松建設)東北支店が小沢にカネを渡していたことを知っているか』と聞かれましたが、私は『知らない』と答えました。小沢さんに直接カネを払うとなれば、(国沢)社長と東北支店長が決めることだから、くわしいことは２人が知っているのではないか」

疑惑はそれだけではない。この献金の原資には、西松建設が作った裏ガネの一部があてられた疑いがあるのだ。東京地検特捜部は'09年1月14日、西松建設が海外で捻出した７０００万円の裏ガネを、不正に国内に持ち込んだ疑いで、藤巻恵次元副社長ら同社幹部４人を外為法違反の容疑で逮捕していた。だが、これは氷山の一角だという。

保釈され、東京拘置所を出る西松建設の国沢幹雄前社長（写真・共同通信社）

西松建設の裏ガネの総額は20億円を超え、うち国内分は10億円以上、海外分も約10億円。国内分は、全国の支店が下請け業者から工事費を還流させたり、架空経費を計上したりする手口を使い、15年以上前から続いていたという（朝日新聞'09年1月10日付）。

20億円もの裏ガネとダミー団体を通じた政治家への献金。疑惑の核心はその〝西松マネー〟をなぜ、小沢にもっとも多く注ぎ込んだのか。小沢はそのカネをいったい何に使ったのかだ。

「小沢さんは他人を信用しない」

小沢は3月4日に会見を行った。ところが、西松建設からの違法献金についてろくに説明責任を果たさなかったばかりか、傲岸不遜《ごうがんふそん》にもこう開き直ったのだ。

「私はなんら疚《やま》しい点もありませんし、政治資金規正法にのっとって正確に処理し、収支もオープンにしております。したがって今回秘書が逮捕される、強制捜査を受けるという点についてはまったく合点がいかない、理解できないことです。お詫びする理由は見当たらないと思っています」

そしてまた、小沢は気色ばんでこうも強弁した。

「献金してくれるという方について、どういう所から（カネが）出ているのかというたぐいを聞くことは、失礼なことですし詮索しない」

「細かな政治献金の一つ一つについて私が全部チェックするということはやっていません。秘書を信頼してやる以外に不可能なことで、全体の報告は受けてそれを了としてきているが、個別の一つ一つに目を通す、時間的、能力的余裕もない」

つまり、西松建設がダミーの団体を介在させて10年以上にわたり3億円もの献金をしていたことを知らなかったし、自ら調べもしないというのだ。語るに落ちたとはこのことではないか。

小沢後援会の元幹部は会見の日の夜、私にこう憤った。

「小沢さんは猜疑心《さいぎしん》で凝り固まったような男です。ひとことで言うなら他人を信用しない。側近の政治家が何人も小沢さんから離れたのは、そのメンタリティに原因があるからです。秘書といえども全幅の信頼など置いているわけがない。政治資金についても決して秘書任せにしません。小沢さんがすべて自分で目を通し、チェックしている。昔からカネに対する執着は異様で、自分が手を下さないと納得しない」

だいたい不可解な献金に気がつかないというのはありえない。

手元にある陸山会の政治資金収支報告書の'06年分に限ってみても、収入の「寄附の内訳」として個人からの寄附（献金）の分が20ページにわたって記載されているのに対し、政治団体からの分はわずか１ページだ。

その政治団体は７団体。内訳は民主党岩手第４支部、小沢一郎政経研究会など小沢関連団体が５つ、残り２つが問題となったダミー団体の新政研と未来研である。それぞれ５００万円、１００万円と計６００万円もの献金をし、団体の所在地はともに「千代田区平河町１－７－５」と記されていた。

これをチェックしなかったと素直に肯《うなず》けるわけがない。小沢はチェックしなかったのではなく、黙認していたのではないか。

前出の西松建設元幹部はこうも呟《つぶや》いた。

「西松建設内の一般論として、支店長クラスがその地域の代議士に会っていないというのは考えにくい。西松では各支店にノルマが課せられます。ノルマ達成を目指して支店は、自治体なり政治家なりにアプローチをするものです。したがって支店長クラスでも小沢さんと会うチャンスはある。専務と社長を歴任した国沢さんが小沢さんと面識があってもなんらおかしくはない」

小沢が「知らぬ存ぜぬ」で通すには、あまりに都合がよすぎるというのだ。

小沢の会見の翌朝、私の取材を拒んでいた岩手沿岸の業者から一本の電話が入った。彼は声をとぎらせながら、こう言った。

「オラに勇気がなくて申し訳なかったあ。何度、(取材の)申し入れがあっても、小沢さんが怖くてなあ。勇気がなかったんだあ……」

背景に長野県知事元秘書の自殺

3月5日、特捜部は大久保隆規の自宅にも家宅捜査を行った。

大久保は、岩手県沿岸地区の釜石市出身。三陸海岸の中心に位置する、古くからの漁港だ。そこで大久保は'91年から釜石市議を務めた後、'99年の釜石市長選に立候補するも落選。'00年から小沢の秘書になった。

ある釜石市議はこう述懐した。

「釜石市長選で落選後、しばらくしてから会いましたが、『(小沢の)第七秘書だ』と言っていた。要するに下っ端の秘書だった。それがいつの間にか第一秘書に上り詰めていたのだから驚きました。生家は釜石でパチンコ店を営んでいますが、資産家というわけではない。市長選の時も、選挙資金はどうしているんだろうと周囲は不思議に感じていました」

落選後、政治家の道はあきらめたのか、小沢の秘書になり、地元の岩手から活動の幅を広げてきたという。大久保の仕事ぶりについて、盛岡市の建設業者はこう語る。

「大久保は10年ほど前、岩手の小沢王国が盤石になってから秘書として盛岡市に顔を出すようになりました。ゼネコンやその下請け業者と公共工事の受注についての折衝や、選挙活動で人を動員させるための交渉を陰でやっていた」

小沢前代表の公設第一秘書を務め、'09年３月に政治資金規正法違反の容疑で逮捕された大久保隆規氏（撮影・中村將一）

大久保の人柄についての評判は芳《かんば》しくない。別の地元建設業者はこう言う。

「大久保は『オレは小沢の分身だ』と偉そうな態度を見せるところがあった。いつも(小沢の元秘書で)現参議院議員の藤原良信(岩手県大船渡市《おおふなとし》出身、57歳)と連れ立っていた。西松建設などゼネコンとの関係についてはむしろ、元秘書の藤原のほうがくわしかったのではないか。小沢の第一秘書といっても、たかだか10年近くしかやっていない大久保がすべてを仕切っているわけではない。今後の捜査がどう進展するかはわからないが、小沢のことだからすべてを大久保にかぶせて、切り捨ててしまうことは十分考えられる」

大久保と連れ立っていたという藤原良信。藤原は小沢の秘書を古くから務めた後に'87年、岩手県議になり県議会議長（'03〜'07年）を経て参議院議員に転身している。

小沢側近のひとりである藤原を知るため、私が大船渡に向かったのは'08年8月だった。彼の自宅は、なだらかな山の中腹に建つ、目を瞠るような豪邸だった。地元業者によると藤原は小沢の威を借りて、「オレは小沢の腹心だ」「小沢に言うぞ」と口にし、県議や業者らに睨《にら》みをきかす存在でもあった。業者の間では正月になると藤原の家に挨拶に行くのが慣例になっていたという。

3月4日の会見での小沢の口調は大久保一人の「秘書の責任」にして、自身は逃げ切ろうとしている魂胆すら私には透けて見えた。それどころか「検察批判」を口にすることで、自身に向けられた疑惑の矛先を逸らそうという深謀遠慮《しんぼうえんりょ》をも感じた。

特捜部はなぜ第一秘書の逮捕に踏み切ったのか。

その伏線には'09年2月24日、長野市内で発見された、村井仁《じん》長野県知事の元秘書で県参事、右《う》近謙一《こん》の首吊り自殺があるという。

「特捜部は西松建設から長野県知事元秘書への１０００万円の裏ガネ疑惑を調べていました。３日間にわたって事情聴取を行っていたが、その直後に自殺されてしまった。この時期の秘書逮捕は時効の問題もありますが、それ以上に大久保に万が一のことがないようにするためだったようです。もちろん最終的なターゲットは小沢です」（全国紙司法記者）

小沢事務所にあって、小沢の了解なしにカネを動かすことなどあり得ない。それが1年間にわたり小沢の蓄財と錬金術を追い続けてきた私の実感だ。別の小沢後援会元幹部は小沢の集金システムをこう明かした。

「小沢事務所が以前からゼネコン各社に対し、あらかじめ献金額を決めてから要求していたのは、業界内では暗黙の了解だ。その額は規模にもよるが、10年ほど前なら中規模のゼネコンで1社あたり毎年２０００万円以上だったと聞いている。ゼネコンは工事代金を上乗せして下請けにパーティー券を購入させるなどして、その献金が表に出ないよう工夫していた。

いま西松建設の裏献金がやり玉に挙がっているが、これは氷山の一角だろう。西松建設を含めたゼネコン各社のパーティー券購入代金がすべて表沙汰になったら、小沢事務所にとんでもなく多額の企業献金が上納されていたことに世間は驚くだろう」

西松建設も参加したゼネコン選挙

岩手県は小沢の故郷であり、小沢は絶大な影響力を持っている。現県知事・達増《たっそ》拓也《たくや》（45歳）を衆議院議員（岩手1区）から県知事に担ぎ出したのも小沢だった。

西松建設の二つのダミー団体が民主党岩手県連に献金していた'03年から'06年の4年間は、ちょうど達増が民主党岩手県連の代表に就いていた時期でもある。

小沢王国の岩手は異例といえるほど〝西松マネー〟で染められていたといっても過言ではない。いったい西松建設は岩手で何をしていたのか——。

元外務官僚の達増が衆議院選挙に立候補したのは'96年のことだ。前年の岩手県知事選で、小沢は自身が党首を務めていた新進党の公認候補として元建設官僚の増田寛也《ひろや》（57歳）を擁立し、大手ゼネコンと地元の建設業者を徹底して動員した「ゼネコン選挙」で当選させていた。この勢いで達増の選挙でもまたゼネコンを意のままに操り、当選させたのだった。

その達増が岩手県知事選に出馬表明したのは、衆院議員4期目の'06年8月だった。増田は出馬せず、小沢の全面支援を受けた達増が危なげなく当選した。盛岡市街のホテルにある喫茶店の隅で会ったある県議はこう呟いた。

「達増は代議士になった時から、小沢の操り人形だった。知事になってからも『小沢チルドレンであることが私の誇りだ』と公言してはばからない。背後にいる小沢の指示を受けて知事の任に就いているような存在にしか見えない」

小沢は達増という傀儡《かいらい》を知事に据えることで岩手県政という権力を握り、小沢王国を築いているのだ。

じっさいに小沢は自身の秘書を達増の周辺に送り込んでいる。達増の知事政務秘書は、小沢の元政策秘書で元岩手県議の木戸口英司《きどぐちえいじ》である。また、達増が'03年から'06年の間に代表を務めた民主党岩手県連の会計責任者は小原貞裕《おばらさだひろ》で、現在、小原は小沢の政策秘書だ。

西松建設は岩手に隠然たる権力を振るう小沢はいうまでもなく、その小沢の意を受けて知事になる達増にも多額の献金を行っていたも同然というしかないではないか。

ある業者はこう吐露する。

「小沢のゼネコン選挙を仕切っていたのは、大手ゼネコンの鹿島《かじま》建設だった。その鹿島の仕切りの下、達増の選挙で西松建設は欠かすことなく人員を送り込んでいた。選挙協力の一翼を担い、その役目を（西松建設は）真面目にこなそうとしていた」

'09年１月、小沢前代表とともに民主党岩手県連定期大会に出席した達増拓也岩手県知事（撮影・中村將一）

見返りを求めない選挙協力や政治献金などあるのだろうか。そもそも企業献金はワイロ性を帯びているカネといっても過言ではない。ましてや、達増が就いた県知事の職は、県の公共事業の発注側である。

私は1月19日、岩手県に対し、西松建設が受注した県の公共事業の状況についての資料提示を求めていた。県と何度か折衝し、県庁前にある公園のベンチでバスの発着をぼんやり見ながら時間をつぶした。

ゼネコンの公共工事入札に関するデータの提供を、県の担当者らは渋っていた。

「欲しいのは何年分ですか……」

「少なくとも、西松建設が落札した過去10年分」

「どこまで、遡れるものか、やってみないと」

「県が発注した公共事業じゃないですか。たぶん、これから他のメディアも、どっと資料請求してくると思いますが」

「エッ、そうなんですか」

資料提示には時間がかかった。翌20日朝、県が最初に提示してきたのは簡単に工事名を列記したペーパーだった。私は再度、作成するように求めた。

その日の夜、西松建設の国沢前社長らが逮捕されるとは予想だにしていなかった。

県が提示したペーパーは次ページの表のとおりだ（落札額は税込み）。西松建設が元請け（ＪＶを含む）となった公共事業は、'96年度から'03年度の間で13件、落札額は総額１８１億８８６７万円、最終契約額は２０２億９５２万円にのぼる。

このうち花巻市の花巻空港の整備事業は、国際チャーター便の大型機運航拡大を図るために滑走路を２０００ｍから２５００ｍに拡張し、平行誘導路を新設するなどしたものだ。ただ、空港の乗降客数は'97年度の約55万人をピークに年々減少し、'07年度には約40万人にまで落ち込んでいる。空港の拡張に対して、県民からは「ムダな公共事業だ」との批判の声も上がっていた。総事業費は約３２１億円で、西松建設は元請けとして'02年から７件の工事を受注し、落札額は計60億２２８０万円、最終契約額は74億７３５万円にのぼった。

しかも、その工事の多くは一般競争入札方式によって落札されたものではなく、随意契約によって県から発注されているのだ。

また、盛岡市郊外の簗川《やながわ》ダム建設は、ダム事業費に５３０億円、道路事業費に約１７９億円の計７０９億円を投入する、県で最も大きな公共事業で'16年の完成予定。まだ道路の取り付け工事が行われたばかりで、本格的な本体工事はこれからだという。だが、すでに西松建設は契約額26億１４５０万円の工事を受注していた。

県の西松建設への発注状況についてのペーパーをひと目見た別の県議は、夜遅く盛岡の郊外で

西松建設の岩手県営工事の受注状況

発注年度	工事名	入札方式	落札額	落札率
'96年	防災ダム事業根石地区第11号工事	随意契約	18億5194万円	99.9%
'96年	一般国道283号秋丸トンネル築造工事	一般競争入札	26億590万円	99.2%
'98年	岩手県立一戸・北陽病院（仮称）新築（建築）	一般競争入札	39億5850万円	98.6%
'98年	防災ダム事業根石地区第13号工事	随意契約	11億3400万円	99.3%
'00年	一般国道283号仙人地区道路改良工事	随意契約	103万円	98.6%
'02年	花巻空港用地造成（平行誘導路他）工事	一般競争入札（合併入札）	45億3140万円	94.7%
'02年	花巻空港用地造成（滑走路延長）工事		3億7210万円	
'02年	花巻空港土取場用地造成工事	随意契約	2億5305万円	99.7%
'02年	花巻空港幹線ダクト埋設工事	随意契約	1億5855万円	99.9%
'02年	花巻空港用地造成その3工事	随意契約	3億1710万円	99.7%
'03年	花巻空港滑走路新設（路床改良・幹線ダクト）工事	随意契約	1億8690万円	96.9%
'03年	花巻空港土取場用地造成工事	随意契約	2億370万円	97.2%
'03年	簗川ダム建設主要地方道盛岡大迫東和線トンネル築造工事	一般競争入札	26億1450万円	94.5%
			181億8867万円	

西松建設の胆沢ダム建設工事での受注

'06年	胆沢ダム洪水吐き打設（第1期）工事	一般競争入札	100億2750万円	93.1%
合計			282億1617万円	

会った私にこう憤るのだった。

「西松建設がダミー団体を通じて小沢や達増に多額の政治献金をした効果が如実に現れているとしかいいようがない。なかでも、花巻空港の工事は誰がみても取り過ぎだろう。民主党は達増県政の与党だ。彼らには発注側として責任がある。西松建設の違法献金を仮に『知らなかった』で済まそうとするなら県民は納得しない」

しかし、小沢は政治家としてのまともな説明責任を果たそうとしない。

政治資金にくわしい、日本大学法学部の岩井奉信《ともあき》教授はこう指摘する。

「そもそも西松建設に不正に作ったカネがあって、その西松建設から小沢さんに献金がなされているわけです。前社長が逮捕されたのですから、コンプライアンス的にも問題がある企業だということだ。小沢さんが知っていたとか、知らなかったというのは別の問題です」

政権交代という大義の前には、ゼネコンから巨額な違法献金を受けていた不正行為も問題にならないと高《たか》を括《くく》っているとしたら大間違いだ。小沢に「国民による、国民のための政治」などと口にする資格はどこにあるというのか。

胆沢ダムをめぐる黒いカネ

小沢の資金管理団体、陸山会は、'94年から'07年までの14年間で総額15億８７０９万円の事務所費を計上している。

政治資金規正法は、事務所費を人件費や光熱水費などの経常経費の一部で、本来、事務所の家賃や電話使用料、切手代など「事務所の維持に必要とされるもの」と定めている。

陸山会は15億円を超える巨額な事務所費を使って、東京都内を中心に10件以上もの高級マンションなどの不動産を購入、それを小沢一郎名義で所有していた。その総額は'07年で10億３４２９万円。不動産業が本業ではないかと見まがうほどの資産形成は、政治資金規正法の抜け道を利用した脱法行為ではないか。その資産購入資金の原資に、西松マネーが化けていたと言っても決して過言ではない。

にもかかわらず、小沢は「なんら疚しいことはない」と突っぱね、シラを切り通そうとした。しかし、何の見返りも求めずに政治家に献金をするゼネコンなどあるのだろうか。逮捕された前社長・国沢幹雄は東京地検特捜部の調べに対し、こう供述したという。

「(小沢側への)献金はダム工事などを受注するためのものだった」

小沢の実家がある水沢から県西部方面に車で国道を走り約30分で着く、焼石連峰の麓で大型ダムの建設工事が進められている。国土交通省東北地方整備局が発注する胆沢《いさわ》ダムだ。

私が胆沢ダムに足を運んだのは'08年11月15日のことだった。

ダムの工事現場から少し離れた民家を訪ねた。そこに住む古老はしわくちゃの手でミカンの皮をむきながら、記憶の糸をたぐりよせた。

「ダムの建設で、その地区の集落は二度ダムの底に沈むんだ。最初は石淵《いしぶち》ダムの建設さ。当時の内務省からの一片の通知でダムの地域の土地は二束三文で買い上げられてな。戦後、すぐに本格的な工事が始まって、どこからか囚人《しゅうじん》らが連れてこられていた。砂や岩石を担ぎつい労働でな。つらかったろう。その時、集落は一度沈んだんだ。その工事を元請けでやったのがいまの西松建設よ。

戦後は、国をあげてコメ作れ、コメ作れだ。ところが7、8月ごろの田圃にいちばん水が欲しい時に、ダムに(貯水の)水がなくなった。開拓で入った家もあったから生活がかかっとる。自分の田にわれ先にと水を引くから争いが絶えなくてな。それで水瓶《みずがめ》を大きくしようということで、石淵ダム嵩上《かさあ》げ推進期成同盟を結成、国に陳情したもんだ。昭和40年ごろじゃ。だから最初はダムの嵩上げだった。ところが、国は新たに胆沢ダムをつくると言ってきた。驚いたもんだ。

2440億円をかけ、'13年度の完成を目指して工事が進められている胆沢ダム（写真・共同通信社）

それまでの石淵ダムと胆沢ダムは目と鼻の先だから、そこの集落は再びダムの底に沈むことになった。50戸ぐらいあったかな。ハモニカ横町のように寄せ合っていた。そりゃあ、胆沢ダムがつくられることになったのは何といったって小沢さんの力が大きいさ」

工事現場の入り口には「胆沢ダム洪水吐《こうずいば》き打設《だせつ》工事」の看板が掲げられていて、その元請け業者として西松建設の名が記されていた。

紅葉の落ちかけた灌木《かんぼく》がなだらかな山々を覆っていた。所々、岩肌が剝《む》き出しになっているのは'08年6月14日に起きた岩手・宮城内陸地震の爪痕《つめあと》だ。この時、奥州市の最大震度は6強だった。工事現場には巨大なクレーンが置かれ、ダンプがひっきりなしに土埃をあげて走っていた。

私は顔の真っ黒に日焼けした労務者に声をかけた。彼は声を張り上げながら、

「もう10年くらい、24時間体制で仕事をしてる。平成25年ごろには運用したいそうだから、あと5年だ。地震の時は縦揺れがひどかった。（地震で）工事は少し遅れたさ。冬場は雪が深いから工事も休みだあ」

胆沢ダムは岩石や砂利などを積み上げて建設する国内最大級のロックフィルダムで、'13年度の完成を目指している。総事業費は２４４０億円。西松建設が元請けに入った洪水吐き打設の工事は、洪水時に流水をいったん貯めるなどして下流に流すための放流口施設の建設だ。

胆沢ダムの入札調書によれば、西松建設は'06年３月10日、同工事を１００億２７５０万円（税

込み）で落札している。そして、逮捕された国沢前社長は、この落札を小沢への献金の効果と受け止めていたと供述したという。

工事を受注した西松建設が多額の違法献金に手を染めていた理由について、地元の建設業者はこう推測する。

「岩手県は大手ゼネコン鹿島の初代社長・鹿島精一《せいいち》の誕生した〝発祥の地〟で、その影響力は絶大。鹿島の意向を無視して大型事業に食い込むのは非常に難しい。石淵ダムを手がけたという〝既得権益〟で食い込もうとしたことと鹿島への対抗上、西松建設はダミーの政治団体を使ってまでなりふり構わず小沢に献金したのではないでしょうか」

盛岡駅から東に向かい車で約10分で着く、標高300メートルほどのなだらかな岩山。その山頂付近に、北上川が貫流する盛岡市街を一望に眺められる展望台がある。

「ふるさとを愛し、ふるさとの繁栄を祈った父、鹿島精一の記念にこの展望台を盛岡市に贈る
1962・11・18」

鹿島精一の長女、卯女《うめ》の手によるものだ。精一は盛岡市上田小路の出身で、養嗣子として鹿島家を継ぎ、その礎《いしずえ》となった。長女の卯女は後の鹿島会長で参議院議員も経た鹿島守之助《もりのすけ》を夫に迎え入れている。

鹿島にとって岩手が〝発祥の地〟だという謂《いわ》れがここにある。鹿島家の血脈の源だ。

さらに、その鹿島守之助に仕え、ダムやトンネルなどの大型工事で貢献、鹿島を大手ゼネコンのトップに押し上げた人物に元副社長・渡辺喜《き》三郎《さぶろう》がいる（'66年没）。渡辺は奥州市胆沢区の出身。いうまでもなく胆沢ダムの建築現場がある地域だ。

しかも、小沢の母、みちは東京の九段精華高等女学校（'45年、戦災により廃校）を卒業しているが、その同窓生にいたのが鹿島卯女なのである。

数多くの大臣を経た小沢の父・佐重喜《さえき》が吉田茂第5次改造内閣で建設大臣に就いたのは'54年である。卯女の夫、鹿島守之助が参議院議員に初当選したのは'53年で、国務大臣北海道開発庁長官に就いたのは'57年だった。ここでも2人は重なっている。小沢の後援会古参幹部は呟いた。

「佐重喜は鹿島と非常に近かった。その佐重喜の票はみちさんが一手に握っていた。みちさんが、鹿島卯女さんと女学校時代、机を並べるような関係だったことによる影響も小さくない。鹿島は佐重喜を応援したさ。（渡辺）喜三郎さんは水沢に駆けつけてきた。後に鹿島がみちさんの息子、一郎との関係を深めていくのは佐重喜の時代からの繋がりがあったからだ」

岩手が結ぶ鹿島と小沢の深い関係。その原点はここに潜《ひそ》んでいた。

自民党経世会とゼネコン利権

小沢はゼネコンに隠然たる影響力を持つ政治家だ。小沢が建設政務次官に就いた'76年当時、建設省の元幹部は上司からこう言い含められたという。

「小沢一郎先生はまだ若いが、田中角栄先生が非常にかわいがっている〝秘蔵っ子〟だ。まだ若いが大事な先生なので、心して面倒を見るように」

この元幹部は、私にこうも語った。

「小沢先生は、建設省内部では表立って『建設族』という印象は薄い。別格の存在なんです。幹部クラスはいつも小沢先生の顔色を窺《うかが》い、気にかけている」

その小沢が角栄以来の金城湯池《きんじょうとうち》だったゼネコンに絶大な権威を振るうようになったのは'89年、47歳の若さで自民党幹事長に就いてからだ。

私の手元に'92年6月に作成された一通のリストがある。50名の政治家が名を連ねた国土建設研究会の名簿で、小沢はその会長だった。この国土建設研究会は当時、「建設族のドン」と呼ばれた派閥、経世会の会長で自民党副総裁・金丸信《かねまるしん》（故人）の肝煎《きもい》りで設立されたものだ。金丸の寵《ちょう》愛《あい》を一身に受けた小沢は建設省と建設族、さらにゼネコンも仕切り、国が発注する公共事業の予算配分に采配《さいはい》を振っていたという。

その後、小沢は経世会の跡目争いに敗れて自民党を飛び出し、'93年6月に新生党を結成するが、国土建設研究会の有力メンバーも新生党に移った。つまり、小沢は経世会のゼネコン利権を抱えたまま自民党を飛び出したのだ。

しかし、'93年3月に脱税容疑で金丸が逮捕されたことが契機になり、ゼネコン各社と政官の癒着を示す「ゼネコン汚職事件」が発覚。前茨城県知事・竹内藤男《ふじお》への贈賄容疑で逮捕された大手ゼネコン鹿島建設の清山《きよやま》信二副社長（当時）が'93年11月、小沢に５００万円の政治献金を手渡したという疑惑が明るみに出た。小沢は５００万円の受領を認め、「政治資金規正法にのっとって適正に処理されている」と釈明したものの、どの政治団体で献金を受けたのかなど具体的な処理方法の公表は拒んだのだった。

小沢は'93年11月8日の会見で、５００万円の献金の趣旨を問われ、「相手（鹿島）の心理まで分からない」と答えている。西松建設の献金に対し、「どういうところのカネか詮索しない」という方便と同じだ。その会見で小沢はこう語っている。

小沢　私の関連する団体は多くの企業及び個人から資金協力をいただいている。鹿島からもいくつかの団体に資金協力をいただいております。しかし、それらの資金は、すべて領収書もそれらの団体から発行され、その使途についても明らかであると報告を受けている。

――どの政治団体で処理したのか。

小沢　法的にもその使途について（公開を）要求されているわけではないので、いま申し上げた結論でいい。

つまり法的に求められていないから、献金の趣旨を知ろうともしないし、説明する責任もないというのだ。

当時の政治資金規正法は企業が政治家個人や一つの政治団体に献金できる限度を150万円（量的制限）と定めていた。500万円をいくつかの団体に分散させれば違法にはならないが、法の網をくぐった脱法行為であることは疑いようがないのだ。にもかかわらず、読売新聞（'94年2月14日付）で小沢はこう弁明している。

「今の法秩序にのっとって処理している。（中略）『その法がザル法だからけしからん』とか、『そんな脱法行為的なことをしてはけしからん』とか、そういうたぐいの批判だ。今の税法の仕組みで許容されているいろんな特例や、税務署の裁量の余地がたくさんある」

西松建設の問題でも小沢は、3億円といわれる巨額な献金が西松建設のダミー団体からとは知らなかったし、知ろうともしなかったという。その献金は法にのっとり公開しているのだから何の問題があるのか、というのだ。法の網の目をくぐり抜ける小沢のカネ集めの手法は、16年前の鹿島からの500万円献金疑惑から何ら変わってはいない。

それればかりか、小沢は自身のゼネコン疑惑について'94年1月1日付の地元紙岩手日報でこう居直っていたのである。

「（ゼネコンから）選挙の応援を受けたり、資金提供を受けてなぜ悪いか。応援してもらうのは当たり前でしょう」

ゼネコンをめぐる政官業癒着で自身に疑惑の目が向けられているときに、「何が悪いか」と開き直ってはばからない小沢は異様ですらあった。

'94年1月17日、私は小沢の記者会見でこの発言の真意を質《ただ》した。小沢は憮然《ぶぜん》とした表情で、「それは前にも言った」と述べるだけで、まともに答えようとしなかった。小沢はその後、「開かれた会見」を標榜《ひょうぼう》しながら、記者会見への私の出席を拒否したのだった。

小沢は'93年7月の衆院選挙で旧岩手1区に新生党から現民主党岩手県連代表の工藤堅太郎《けんたろう》を擁立。この選挙で小沢は露骨なゼネコン選挙を展開した。鹿島の盛岡営業所長を総括責任者に据え、大手ゼネコンが軒並み参加する裏選対を設営したのだ。そのメンバーには当然西松建設も入っていた。

この裏選対には各社の東北（仙台）支店や盛岡営業所から、車や経費は自前で5人前後の社員が駆り出された。西松建設のある盛岡営業所員は、決まって街宣車の運転手を務めるので知られていたという。ゼネコン各社は下請けの建設業者らも徹底的に動員し、工藤は当選した（後に参院議員に転身）。

ゼネコンとの間に築いた太いパイプをさらに露骨に示したのが、'95年4月の岩手県知事選だ。小沢は'94年12月、新生党を解党して新進党を結成していたが、前述したようにこの知事選では元建設官僚の増田寛也（前総務大臣）を擁立した。鹿島建設の仕切りで約60社ものゼネコンが独自の裏選対をつくり、連日のように人員を投入したという。

この知事選で増田は自民系候補らを破って当選し、小沢は自民党が長く座ってきた知事の座を奪取した。この選挙から小沢は岩手制覇の足がかりをつかんだのだ。

そして'07年4月、小沢は衆院議員4期目で、自ら「小沢チルドレン」と公言してはばからない元外務官僚の達増拓也を岩手県知事の座に送り込んだ。小沢は腹心を岩手県政のトップにつけることで権力を握り、小沢王国として意のままに操ってきたのだ。

小沢は自身の野心のため、ゼネコンを根こそぎ利用してきた。ゼネコンの側も、小沢を「司令塔」と仰ぎ、決して離れることがなかったのである。

西松建設がダミー団体のひとつ、新政研を設立したのは増田が岩手県知事に当選した'95年のことだった。

小沢の後援会元幹部はこう憤るのだった。

「小沢はとことん、ゼネコンを利用してきた。もちろん、そのゼネコンには西松建設も入っていた。小沢側はダミー団体からの献金について『どのような経緯で献金を開始したのか当方の知るところではない』などと答えているが、小沢が知らないというのは到底、考えられない。西松建設が勝手に十数年で、3億円にものぼる献金をしたとでもいうのだろうか。

だいたい、今回は西松建設の裏ガネの捻出による献金が事件化したが、他のゼネコンも下請けの建設会社に工事費を水増しするなどの操作をしてパーティー券を買わせるなど、小沢への献金の方法を工夫していたみたいだ。他のゼネコンにもメスを入れるべきではないか」

談合疑惑企業から多額の献金

小沢の地盤である岩手県は、県議会で民主党が第一党の多数派（議会定数48人中21人、'08年10月現在）を占める小沢王国である。その理由はいたって単純だ。'93年、自民党を飛び出した小沢についていった県議が多数いたからに他ならない。何のことはない、小沢の下で民主党を名乗ってはいるものの、その本家は自民党というわけだ。

その小沢王国に主である小沢が帰ってくることは、ほとんどない。小沢の故郷、岩手県水沢市ですら長い間、小沢の姿を見たことがないと口にする人がほとんどだ。5年ほど前までは総選挙になると、「小沢の代理」として妻の和子《かずこ》が選挙活動に来ていたが、その姿も今はない。水沢に住む50代の男性はこう嘆いた。

「そもそも、（小沢）一郎は地元に帰ってこない。一郎は偉くなったから（『国替え』で）どこから出ても当選できると言うんだべが、欲をかくのもいいかげんにしろ。水沢は衰退《すいたい》の一途だ。一郎は地元の人の生活なんか、考えたこともないんだろ。（小沢は）東京の人だ。選挙のためだけの水沢さ。オレらの生活は関係ないんだ」

いまでも地元・岩手で小沢や小沢系の国会議員は、かつてほどの露骨さは影をひそめているものの、ゼネコンや地元建設業者らを動員する「業者頼み」の選挙を展開していると、複数の県議は指摘する。大型工事の元請けとなるゼネコンの要請を地元業者が断れるはずもない。建設族のドンとしてゼネコンに絶大な権勢をふるった小沢の実力は、自民党から民主党に鞍替《くらが》えした後もいささかも衰えていないのだ。

その証拠が、私の手元にある。'05年6月21日、公正取引委員会（以下、公取委）が公表した「岩手県が発注する建築一式工事の入札参加業者に対する勧告について」と題したＡ４判19ページに及ぶ一通の文書だ。

文書によれば、公取委は岩手県が「Ａ」の等級に格付けしている建設会社のうち、同県内に本店を置く91社は県が少なくとも'01年４月１日以降に発注した建設工事の競争入札で、

「受注価格の低落防止等を図るため、共同して、受注予定者を決定し、受注予定者が受注できるようにすることにより、公共の利益に反して、（中略）工事の取引分野における競争を実質的に

制限していた」

と指摘。91社に対し'05年6月1日付で独占禁止法第3条（不当な取引制限の禁止）に違反するとして勧告を行ったと記している。

つまり、公取委は岩手県が発注した建設工事で、県内A級の建設会社91社が談合をしていたとして独禁法による排除勧告を行ったわけだ。'08年10月6日、県議会のロビーの隅で会ったある県議はこう言う。

「県内の建設業者にとって公取委の排除勧告は衝撃だった。これまでも談合事件はあったが、県内のA級業者の大半を対象に談合があったとして排除勧告をするという、ここまで大規模な談合事件は初めてのことだった」

91社は排除勧告に応諾しなかったため、'05年10月から審判が始まった。'09年1月30日に審議が終了し、本原稿執筆時点の6月現在、最終的な審決が下るのを待っている状況だ。審判で公取委は、'01年4月から'04年10月にかけてA級業者が入札に参加できる県発注工事のうち、病院、学校など118件、総額168億円の入札で談合が繰り返し行われ、独占禁止法違反による排除勧告は正当だと主張している。

問題は、小沢が代表を務める民主党岩手第4支部がこの排除勧告を受けた建設業者から、'05年から'07年にかけて多額の企業献金を受けていることだ。その総額は3年間で1299万円にのぼる。

民主党岩手第4支部の政治資金収支報告書によると、公取委から排除勧告の出された'05年は「昭栄建設」（盛岡市）75万円、「伊藤組」（花巻市）55万円、「佐賀組」（大船渡市）50万円、「高惣建設」（水沢市）50万円、「板谷建設」（水沢市）50万円など、計15社から総額490万円の寄付を受けている。

'06年は「千葉建設」（奥州市水沢区）74万円、「伊藤組」65万円、「佐賀組」50万円、「高惣建設」50万円など、計14社で総額447万円。

'07年は「伊藤組」40万円、「高惣建設」50万円、「佐賀組」50万円など、計14社から総額362万円の寄付を受けている。

3年間のトータルでみると、小沢の選挙区（岩手4区）を中心とした県南地区に本社を置く複数の建設業者が、100万円以上の献金を行っていることになる。もちろん、これは収支報告書に記載された「表の献金」である。

いうまでもないが、県発注の建設事業は税金から費用が拠出される公共事業だ。談合によって不当な金額で公共事業を受注していた疑いのある業者から、政治家が献金を受けることは、税金の上前をはねることと同じではないか。

しかし、小沢が代表の民主党岩手第4支部は、'05年に公取委が排除勧告を下した翌6月22日、その勧告を受けた企業から献金を受けてさえいた。収支報告書で見る限り、献金を辞退、または返還した形跡はまったくない。談合企業からの寄付を無条件で受け入れるとは、その杜撰《ずさん》さはいうまでもなく、「政治とカネ」の問題への政治家としての資質を疑われても仕方あるまい。

ちなみに、麻生太郎内閣では発足直後から、公取委が排除勧告を行った談合企業からの献金問題が相次いで発覚している。

'08年9月25日、河村建夫《たけお》官房長官は自身が代表を務める「自民党山口県第3選挙区支部」が、'04年10月に橋梁《きょうりょう》建設工事の談合事件で独禁法違反の排除勧告を受けた企業など7法人から、'04年から'06年にかけて計約410万円の寄付を受けていたことが判明。河村長官は「道義的問題も考え、寄付を返却するよう支部に指示をした」と説明した。

9月30日には、中川昭一財務相兼金融担当相（当時）が代表の「自民党北海道第11選挙区支部」が、国土交通省などが発注した鋼鉄製橋梁工事の談合事件で公取委から排除勧告を受けた2社から'05年9月の勧告後、計70万円の献金を受けていたことが分かった。同支部は「勧告以後の寄付については、全額返還する方向」と説明している。

さらに10月2日には金子一義《かずよし》国土交通相と野田聖子消費者行政担当相が代表を務める自民党支部が'05年から'07年にかけ、国土交通省などが発注した工事で談合を繰り返したとして排除勧告を受けた企業から、それぞれ計36万円と計21万円の献金を受けていたことが判明した。両氏とも返還手続きを行うとしている。

小沢が代表を務める民主党岩手第４支部の場合も、河村官房長官ら排除勧告を受けた談合企業からの献金と問題の性質は異なっていない。小沢に説明責任が求められるのは当然だ。日本大学法学部の岩井奉信教授はこう指摘する。

「（小沢の問題は）官房長官の河村さんや、他にも報道されている人と同じケース。処分された企業から献金を受け取ったとしても、ただちに違法ではありませんが、道義的には好ましくない。もともと小沢さんは建設業界に強い人。業界とのつながりも深いのでしょう」

そもそも排除勧告を受けた問題企業からの献金を禁じていないなど、現在の政治資金規正法には問題点が多い。「政治資金オンブズマン」のメンバーで、神戸学院大学法科大学院の上脇博之《かみわきひろし》教授はこう解説する。

「事件になった企業からカネをもらうというのは、その企業に何らかの協力をして分け前をもらっていると見られることもありえる。談合摘発企業からの献金を返還するのは、本人に政治的道義から外れている、後ろめたいといった自覚があったからでしょう。『政権交代』を唱える民主党の代表（当時）が排除勧告を受けた談合疑惑企業から献金を受けているのなら、自民党も民主党も変わらないと見られても仕方がない」

「談合企業からの献金」の是非について小沢の事務所に問い合わせたところ、

「問題のあった企業からの寄付については、民事の場合は判決が出た時点で返金させていただいております。今回の件は現在審判中でありますので、これまで同様に審決が出た時点で対応させていただきたい」

と回答した。

政治家の回答とは到底考えられない。ただカネを返せばいいという問題ではないはずだ。不正への関与を強く疑われる企業からの献金は、少なくとも勧告後は辞退すべきではないか。

岩手で小沢は建設業者らを大量動員したゼネコン選挙で自身への貢献度を競わせる一方で、公取委から独禁法の排除勧告を受けた問題業者から献金を受ける——。

自民党から民主党に表紙は変わっても、小沢の岩手を意のままに操ろうとする政治手法に何ら変わりはない。

この取材は雨に見舞われた。盛岡城跡の休憩所で雨やどりをしながら、真夏に訪ねた業者の顔が脳裏をよぎった。

'08年8月6日、朝からじりじりと暑い日だった。私は東北本線から2両編成のワンマンカーに乗り継いで、三陸海岸沿いのある街に向かった。岩手の土建業者らの置かれた状況を知るためだった。列車は2時間に1本ほどしか走っておらず、昼過ぎの車内はすし詰め状態で立たなくてはならない。

冷房が効かず、むし暑い。山間の無人駅に停まりながら約2時間ゆられてその街に着いた。三陸でも屈指の漁港だったが、街は寂れていた。私はある土建業者を訪ねた。その業者は重い口を開いてこう呟いた。

「この街でも、土建業者は経営が苦しくなって、この十年でオレの知っているだけでも8人が自殺した……。クモ膜下出血で死んだ業者もいる。オレは病院に見舞いに行って昔の思い出話とかしたさ。そしたら、そばにいたそいつの女房が『オラの父ちゃん、業界じゃ信用なかったんだべが』と聞いてきた。倒れてしまうと、クモの子を散らすように人が寄りつかなくなるからな。オレは何も言えんかった……」

彼の目には涙がにじんでいた。そして私を見据え、まくしたてるのだった。

「小沢とその手下がやっていることは〝小沢教〟とでもいうべき宗教といっしょだ。自民党よりも悪いのは文句を言わさず命令一下、相手を従わせる。系列の業者や秘書を使い、裏で支配することだ。文句を言ったら、それを根に持ち相手をとことん追いつめてくるんだ」

さらに、こんな場面を語った。

「東北本線の近くの現場で夜遅く仕事が終わって、山ん中を車で帰る時だ。熊のようになって小沢のポスターを貼っている奴がいた。顔見知りの同業者だった。オレは、『(小沢に)仕事、頼んだのか。何かいいことでもあったか』と声をかけた。すると、奴は『何もいいことはない。ただ、何かやってないと不安で仕方がないのさ』と言った。奴の会社は苦しいからな。元請けが儲けているから」

何かしていないと不安だから――。小沢の支配は病的なまでに土建業者らを縛りつけているといっても過言ではない。

工事に入れても元請けに上前をはねられて、たいした儲けがあるわけではない。それでも必死になって何かに縋《すが》り這《は》いあがろうとする。その苦悩を小沢は巧みに操っているのではないか。

「剛腕政治家」の生い立ち

いったい小沢にとって岩手とは何か。なぜ、こうも小沢から岩手への思い入れが感じられないのか。小沢はどのような境遇に生まれ育ったのか。

小沢は'42年5月、東京・御徒町で生まれた。1898年（明治31年）生まれの父・小沢佐重喜は当時、東京府議で44歳。母・みちは1900年（明治33年）生まれの42歳と2人とも40歳を過ぎてからできた長男だった。

佐重喜とみちが結婚したのは1924年（大正13年）だ。小沢の上にスミ子、則子と2人の姉がいた。

東京大空襲のあった'45年3月、母・みちは幼い小沢を連れて、佐重喜の郷里の水沢市袋町に疎開した。

佐重喜はその袋町の貧しい農家に育った。佐重喜は、地元の古老が「馬車引き」という、馬で荷を運ぶ仕事をして日銭を稼ぎ家の生計を助けたという。上京後、苦学して日本大学夜間部を卒業し、25歳で弁護士になる。

その後、東京市議・府議を経て、'46年の衆議院選挙で初当選。'48年、佐重喜は第2次吉田茂内閣で運輸相に就任したのを皮切りに逓信、建設相などを歴任し'60年、岸信介内閣による日米安保条約改定の際は、衆院安保特別委員長としてその先頭に立ったという経歴を持つ。

だから、岩手で育った幼い小沢が物ごころついたころには水沢で「代議士の子」であり、「大臣の子」だった。

母のみちは千葉県東葛飾郡風見村出身で、父は千葉県議会議長を務めている。みちは東京・九段精華高等女学校を卒業していた。明治の末に女学生というのは、千葉の田舎とはいえ裕福な家に育ったことをうかがわせる。

しかし夫・佐重喜が大臣に就き、東京文京区にある湯島天神のすぐ近くに居宅を構えてからは、みちは米や野菜をどっさりと背負い、東北本線で長い時間をかけて上野と水沢を行ったり来たりを繰り返していた。みちは恰幅《かっぷく》のいい女性でもあった。

水沢は自民党の重鎮で元自民党副総裁、椎名悦三郎《しいなえつさぶろう》の出身地。椎名は商工官僚あがりだ。馬車引きから身を起こした佐重喜は農家を隈《くま》なく巡り票を掘り起こしていくしか術《すべ》がなかった。その役目を担ったのがみちである。みちは早朝から夜遅くまで足を棒にして歩き続けた。

「佐重喜のこど、頼むあんす」

千葉の出身のみちは岩手の訛《なまり》を身につける。そのみちの帰りを眠い目をこすりながら待っていたのが、坊主頭をした幼い小沢だった。みちは齢《よわい》40を過ぎてから生まれた孫のような存在の小沢を溺愛《できあい》した。

私が小沢の2つ上の次女・則子に東京の私鉄沿線の自宅で会ったのは'93年12月初めだった。当時、小沢は細川護熙《もりひろ》連立政権の幹事長で、権力の絶頂期だった。

則子は雪国育ちらしく、頬がふっくらと赤みがかっていた。小沢は幼年期、この姉のことを「のりねえ」と呼んでいたという。則子は弟の小沢をこう述懐した。

「弟はガキ大将というんでは全然なかった。いつも決まって子分格。親分の後をトコトコとくっついて歩いていたの。ケンカをして、いじめられても、ベソをかきながらトボトボとついていくんですよ。相手にしてほしかったんでしょう。冬になると、手に霜焼《しもや》けをつくっても裏の神社や田圃で雪山をつくって暗くなるまで遊んでいた。昼、夕方と私が出て行って、ご飯よって声をかけないと家に帰らない子だった」

もう一人の姉、長女のスミ子は則子が小学４年生の頃には実家から東京の女学校に移っている。小沢からすれば10歳上だから、近い存在は則子だった。

木造２階建ての実家は、１階に玄関の上がりと二間、台所程度しかなかった。その一間に則子と小沢は寝ていた。小沢は不在がちだった母親のぬくもりを姉の則子に求めていたのかもしれない。

「則子は弟思いだった。一郎には則子のほかにこころを許せる人間はいなかったのではないか」

則子の小学校時代の担任は私にそう述懐したことがある。

当時、給食はあったが脱脂粉乳を使ったミルクだけで、主食は弁当だった。中身は麦飯、大根飯、豆。おかずは魚の味噌漬け、納豆、梅干しなど。卵は貴重品だった。

弁当を持ってこられない子もいた。山林や原野の開墾《かいこん》に入った家の子らは昼食の時間になると連れ立って教室からいなくなったという。

小沢には身近な〝仲間〟がいた。小鳥や犬などの動物だった。甘えたいさかりなのに、母・みちは家にいることが少ない。その寂しさをまぎらす相手として動物と戯《たわむ》れていたのだろうか。

小田甫《はじめ》著『小沢一郎・全人像』（行研出版局）によると、ある時、小沢は鳩を飼おうとして、リンゴ箱２つを繋ぎ、金網を張って巣箱をつくった。しかし、みちは鳩を飼うことを許さなかった。

「鳩を飼うと、近所に糞《ふん》をまき、外に放せば他人の鳩を連れてくる。他人さまに迷惑をかけてはいけない」

小沢が当時の水沢市立常盤中学校から東京の文京区立第6中学校に転校したのは'58年4月。中学3年の時だ。小沢は父・佐重喜と湯島に住むことになった。湯島は芸者街でもあった。近所の店主によると、佐重喜は湯島の料亭で毎晩のように遊び、盆や年末年始は芸者衆が「お父さん、お父さん」と湯島の家に押しかけていたという。

水沢で父の政治家としての立場をわきまえるように、母・みちから厳しく育てられた小沢。その母は夜遅くまで選挙区を回り父のために頭を下げていたのではなかったか。小沢は父の放蕩三昧ぶりを目にするにつけ、父に憎しみにも似た感情を抱いたのではないだろうか。そして、なおさら母・みちへの情がつのっていったのではないか。

もうひとつある。実は、小沢と姉2人は母親がちがっていた。みちにとって小沢が自身の腹を痛めた子である。後援会幹部の一部に古くから漏れ伝わる話だった。小沢がその関係をいつ知ったのかはわからない。

三つ子の魂、百までもという諺《ことわざ》がある。母と子――。小沢の精神形成に多大な影響を与えたのが幼少年期の水沢だ。その原点にあるのは母・みちへの強烈なマザーコンプレックスではないか。政治家になり、人を最後まで信じることができず、用がないとなったら切り捨てる。もう一面で、旗色が悪くなると陰にこもり、雲隠れする。その稚児のような小沢の行動は純粋培養にも似た母の溺愛によって培われていったのではないか。

小沢にとって決定的な分岐点はここではないか。中学３年で最愛の母と引き裂かれたことだ。それまでの岩手にいかほどの思い出があっただろうか。むしろ、物ごころついたときから「大臣の子」という境遇に生まれついたこと、そして選挙で苦労せざるを得ない母を取り巻く岩手の人々を憎んだのではないか。

だから岩手に愛着を感じられない。ゼネコンを操り、上から情け容赦なく支配することにためらいはない。その原風景は母との別れにあったのではないか。

第２章　巧妙な金脈

異常に高い落札率

「胆沢ダムは小沢先生の力で実現にこぎ着けた公共事業だ。胆沢ダムの工事を受注したいなら、業者は小沢先生の事務所へ挨拶に行かなければならない。挨拶にも行かないで談合のメンバーに加わることは無理。もちろん、手ブラで挨拶に行けない。〝土産〟は欠かせないだろう」(岩手県内の建設業者)

東京地検特捜部は西松建設前社長の国沢幹雄らとともに、政治資金規正法違反の容疑で小沢の公設第一秘書・大久保隆規を逮捕した。

また'09年3月11日、特捜部は大久保の前任者として'96年から'04年まで小沢の秘書を務め、'07年に衆議院議員に繰り上げ当選した石川知裕《ともひろ》(35歳)からも事情聴取を行った。疑惑は西松のみならず、ほかの大手ゼネコンにもひろがった。

大手ゼネコンの幹部は、今回の巨額献金問題についてこう語る。

「清水建設や大成建設(以下、大成)といった大手なども、下請け業者に工事代金を水増しして払い、その水増し分を小沢に献金させていたと報じられているが、今回名前が挙がっている企業だけではない。特に東北地方では、ゼネコンが総ぐるみでこの手法を使ってきたはずだ。東北の公共事業で小沢一郎といえば、鹿島建設。今回鹿島の名前が出ていないのが不思議だ」

特捜部は大久保の逮捕後も、ゼネコン各社の東北支店長や東北地方の建設業者からの事情聴取を続けたという。

疑惑の中心となるのが胆沢ダムだ。

国土交通省東北地方整備局が胆沢ダムの建設に着手したのは'88年4月。小沢が47歳にして自民党幹事長に就くのはその翌'89年4月である。

国交省東北地方整備局胆沢ダム事業所で作成した「胆沢ダム事業概要」によると、胆沢ダムの総事業費は'90年の基本計画で1350億円、完成は'99年だった。ところが、'00年に基本計画が変更になり、総事業費は当初より一挙に1080億円も増加して2440億円にふくれあがっていたのだった。

2440億円も投ずるビッグプロジェクトには、西松だけでなく大手ゼネコン各社も巨額の工事を請け負っていた。

当然のことながら、鹿島も工事を受注している。私の手元に、百数十ページにもおよぶ胆沢ダムの「入札調書」がある。鹿島は'04年10月7日、ダム本体の心臓部で、岩石などから成る層を形成する堤体盛土《ていたいもりど》の工事を203億4900万円で落札している。なお、国交省東北地方整備局が発表した予定価格は216億5474万8500円で、落札率は93・97%だった。

大成も大型工事を受注している。'05年3月10日、ダム建設に必要な岩石、砂利などの原石山材料採取の工事を159億7500万円で落札。国交省の予定価格は168億4740万6450円で、落札率は94・42％だ。

西松は'06年3月10日、洪水時に流水をいったん貯め下流へ流すための施設となる洪水吐き打設の工事を落札率93・1％の100億2750万円で落札している。

問題はこのゼネコン3社の落札率だ。いずれも93％以上だが、これには談合の疑いがあるという。公共事業に詳しい、法政大学法学部の五十嵐敬喜教授がこう疑念を呈する。

「予定価格の何％での落札なのか。これが大きければ談合した可能性が高いと推測できます。落札率93％は非常に怪しいライン。一般的に95％以上は〝談合〟だと言われています。事前に公表されていないはずの予定価格スレスレで入札するのは不自然だからです。適正な一般競争入札をやると、多くの場合、落札額は予定価格の90％、あるいは80％台に落ちてくるはずなんですが……」

談合だとすれば、事前に入札情報を手に入れ、仲介した人物がいると考えられる。冒頭とは別の建設業者はこう語った。

「鹿島や西松らゼネコン数社は社員や下請けにパーティー券を購入させるなどの工夫をして、表に出ないように小沢側に献金していました。仲介は談合のグループがあるときは、そのグループのトップ。（グループの）ないときは旧建設省ＯＢらが当たっていた。ゼネコンの間では『小沢指定物件』、または『小沢推薦物件』と呼ばれる一定額以上の大きな工事があり、（小沢側は）選挙への貢献度や献金状況に応じてこれらの工事の差配をしていたと聞いている」

私の手元にひとつのパンフレットがある。

'06年10月、ダム建設工事現場の一角で「胆沢ダム定礎式」（主催・国交省東北地方整備局）が開かれ、約１２００名の業者や地元民が出席した。その出席者名簿のパンフレットだ。

名簿には当時の岩手県知事・増田寛也（前総務大臣）、同じく国交省河川局長・門松武らとともにダムの大型工事を受注したゼネコンのトップクラスが多数、名を連ねている。そのなかには鹿島建設会長・梅田貞夫、大成建設社長・葉山莞児と並んで、今回逮捕された西松建設前社長の国沢幹雄の名前があった。

当然のごとく、出席者の一覧には「衆議院議員　小沢一郎」の名前もあった。胆沢ダム工事事務所によると、小沢の代理として政策秘書・小原貞裕が出席したという。

定礎式に出席した胆沢ダム関係者はこう呟いた。

「胆沢ダムはいつからか、一番手に鹿島、二番手は大成、三番手は西松で決まっていた。何といっても鹿島が強い。ゼネコンの談合は仙台……。盛岡ではやらない。

胆沢ダムの工事で小沢さんの力は絶大だ。（元参議院議員）椎名素夫さんは学者肌でまったく頼りにならなかった。ダムの完成は十年余り大幅に遅れている。それでも総事業費は２４４０億円にふくれあがった。東北地方のダムは全国でも珍らしく住民の反対運動も起きていない。ゼネコンにすれば、胆沢ダムは誰にも邪魔されることのない金城湯池だ」

ところで国交省東北地方整備局が、洪水吐き打設工事の入札参加業者を募るために工事概要や工期などを告知する「工事公告」を実施したのは'05年9月26日だった。前述したように西松はこの工事を'06年3月、100億2750万円で落札。工事は10月30日に始まった。

毎日新聞（'09年3月24日付）によると、西松のダミー、新政研など2つの政治団体は工事の公告から約3ヵ月経った'05年12月から'06年11月、小沢の資金管理団体・陸山会、地元の民主党岩手県連、民主党岩手第4支部の3団体に対し、11回にわたって計1800万円の献金をしていた。うち500万円は、工事開始日を挟んだ'06年10月25日から11月2日の9日間に集中していた。

盛岡市内のゼネコン関係者はこう呟く。

「ゼネコンの献金額は最初に小沢事務所が決めることだ。岩手県内の工事を受注して、小沢事務所に異を唱えることなどできるはずがない。小沢事務所は〝上〟で、ゼネコンは〝下〟の関係。小沢に逆らったら干されるどころか、どのような嫌がらせを受けるか、わかったものではない」

カネだけではない。地元・岩手では小沢事務所がゼネコンや下請け業者に選挙活動のための人を出させるゼネコン選挙が常態化していた。小沢事務所は献金を募る一方で、ゼネコンの下請け組織からなる裏選対も設立していたのだ。

その一つが、'92年７月に設立された欅《けやき》の会だ。当初の会員は約５００人。ゼネコンの下請けとなる、地元に根を張った建設・土木業者で組織され、選挙になると陰の主力部隊になる。欅の会元幹部はこう事情を吐露した。

「欅の会はゼネコンが下請けに呼びかけて設立された。小沢への忠誠心が試される〝踏み絵〟になったため、下請けはすぐにどっと集まった」

小沢は、〝民主王国〟岩手でゼネコンとその下請け業者を意のままに操り、〝カネと人〟を吸い上げてきたといわれても仕方がないのではないか。業者にとってその〝カネと人〟を提供することで期する見返りが工事の受注であることは言うまでもない。

「小沢さんから〝天の声〟」

「公共事業を受注するために業者が集まった時のことです。研修会と称して談合するのですが、ある小沢系の業者が『うちは小沢さんから〝天の声〟をもらっている』と言った。研修会の幹事役が小沢事務所に連絡を入れて確認し結局、その業者が〝チャンピオン〟に決まったんです」

岩手県の中堅建設業者は、小沢一郎の事務所が地元に及ぼす影響力についてこう吐露した。

ゼネコンを意のままに操り、建設業界に隠然たる権力をふるってきた小沢。

その小沢は'09年３月17日の会見で、国民の目をほかに逸らすかのようにしてこう語った。

「公共事業（受注の有無）で（企業を）仕分けすることはできない。企業・団体献金を全面的に禁止することだ。禁止を徹底しないと意味がない。政権を取ったら政治資金のあり方を根本的に変えようと思う」

茶番ではないか。自身が率先してゼネコンの汚れたカネにどっぷりと漬かっていながら、その疑惑の張本人が「企業・団体献金禁止」とは本末転倒も甚《はなは》だしい。

小沢は著書『日本改造計画』（講談社）のなかで、政治資金の問題についてこう記していた。

〈政治資金をめぐる一番の問題は、資金が巨額である半面、その流れが著しく不透明であることから、政治家が政治資金で私腹を肥やしたり、公正であるべき政策決定がカネで歪められているのではないかと、疑念を持たれていることである。とくに、近年、政治資金絡みのスキャンダルが相次いだことで、国民の政治不信は議会制民主主義の根幹を揺るがすまでになっている〉

まさに西松からの巨額違法献金で疑念を持たれている小沢自身のいまを彷彿《ほうふつ》とさせるような言葉ではないか。問題は次の件《くだり》だ。

〈どうすれば国民の不信を解消できるか。まず、政治資金の出入りを一円に至るまで全面的に公開し、流れを完全に透明にすることである。それによって、政治家が不正を働く余地も、国民が不信を抱く余地もまったくなくなってしまう〉

では、小沢は自身の政治資金を一円に至るまで公開し、流れを透明化しただろうか。実態はまったく逆である。

西松のダミーの政治団体を使った違法献金こそ、実体を覆い隠した不透明きわまりないものだった。にもかかわらず、小沢は大久保逮捕後の3月4日の会見で、こう口にしていた。

「政党支部は企業献金を許されておりますので、政党支部で受領すれば何の問題もなかった」

「ゼネコンだけでなく、その他の企業からも身に余るほどの献金をいただいている」

西松からの不正な違法献金は、どこを受け皿にしても不透明なカネに変わりはない。その小沢が、「企業・団体献金禁止」といって誰が納得するというのか。

小沢は追い込まれている。公設第一秘書の逮捕は時間が経つにつれボディブローのように効き、枕を高くして眠れないのではないか。

小沢は民主党代表の座を辞任したが、もともと総理になりたくて、代表をやっていたわけではなかったのだ。自民党幹事長で権勢をふるったように、不気味にも裏から時の政権を操るのが彼の本性だ。

ただ、小沢は権力とカネには異常なまでに執着する男だ。代表辞任後も、選挙担当の代表代行として、小沢は民主党を陰で操る事実上の「院政支配」を敷いている。小沢はふてぶてしくも、誰を後継にし、いつ辞任をすれば自身が高く売れるのかと胸算用していたのではないか。

元首相の田中角栄が「ロッキード事件」で失脚後も政界に隠然たる影響力を持ちえたように、

小沢も角栄にならって権力の座に君臨し、政治生命を長らえようとしているのか。

「献金はヤクザに払うみかじめ料」

ゼネコン各社は小沢の選挙や知事選などで大量の人員を投入してきた。岩手県で繰り広げられてきたゼネコン選挙を取り仕切ったのは大手ゼネコン、鹿島である。鹿島の元幹部は'93年当時、そのゼネコン選挙のすさまじさを私にこう明かした。

「選挙になると、ゼネコン幹部はホテルに缶詰めになって選挙区を区割りし、だいたい3人ずつ社員が組んで担当区域をまわる。設備、電気工事、資材など下請け業者に顔を出し、名簿の提出を求める。業者にすれば、ゼネコンが来ただけで締め付けになる。その活動費用はゼネコン持ちです。小沢は岩手県内の8〜9割の建設、土木、運輸を押さえ込んでいたも同然だ」

政界とのパイプ役を務める、鹿島の別の幹部は今回、同社の元東北支店長が事情聴取を受けたことを認めたうえで、こう明かした。

「東北の談合は、大手ゼネコンは鹿島、地方建設会社は小沢の義父が名誉会長の福田組が仕切り役だった。建設業者が小沢に献金を続けているのは、口利きをしてもらえなくても、落札の際に邪魔されたくないという面があるんです。祭りのときに香具師《やし》がヤクザに払うみかじめ料みたいなもの。入札のための保険料といった感覚です」

小沢一郎ゼネコンマネーコネクション

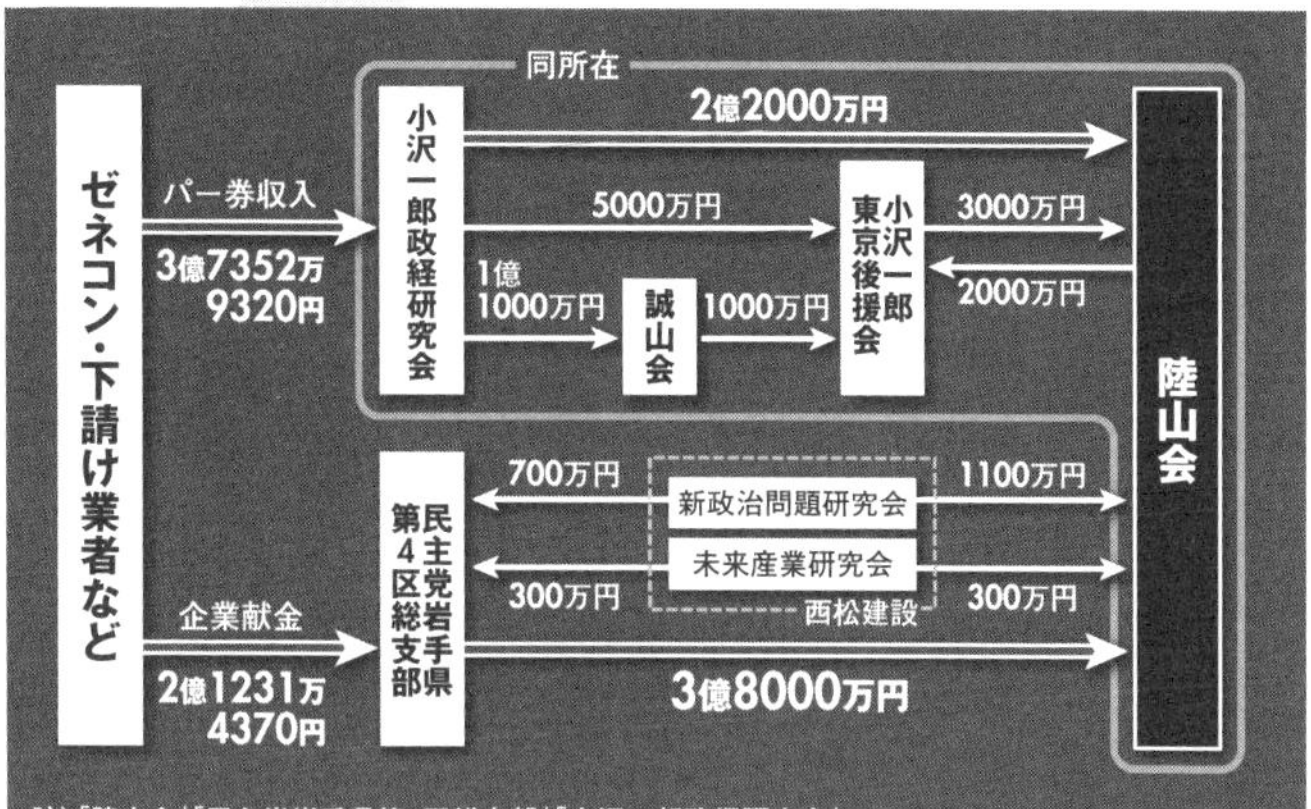

註）「陸山会」「民主党岩手県第4区総支部」「小沢一郎政経研究会」
「誠山会」「小沢一郎東京後援会」などの政治資金収支
報告書より作成。記入金額は、'04年～'07 年の4年間分合計

岩手の業者は以前からこう口にしてやまなかった。

「小沢一郎に逆らったら仕事がもらえない」

なかでも小沢が絶大な力を発揮したのが、例の総事業費2440億円にのぼる胆沢ダムの工事だ。

'02年から'07年の間に、ゼネコンを除くダムの関連工事を受注した業者は、65社。うち、小沢が代表を務める政党支部、民主党岩手第4支部（'02年までは、自由党岩手第4支部）に献金している企業は、16社だった。献金総額は、2625万円。この16社の受注総額は、47億8225万5000円にものぼる。

これとは別に鹿島や西松の下請けに入った業者の中にも、第4支部に献金している企業が9社あり、献金総額は3792万円にのぼ

った。

チャート（前ページ）をみてほしい。ゼネコン各社や地元業者・下請け業者などから小沢が集めていたカネの流れを示したものだ。

もともと、小沢が企業献金を集めていたのは、小沢自身が代表を務める資金管理団体、陸山会である。'00年に政治資金規正法が改正され、資金管理団体への企業献金が禁止されると、それまで陸山会へ流れていた献金は、民主党岩手第4支部に集められるようになる。

民主党岩手第4支部の政治資金収支報告書を見ると、おびただしい数の企業名がずらりと並ぶ。毎年約100社ほど、主に東北地方の建設業者が目立つ。その献金総額は、'04年から'07年の4年間で2億円を超えている。さらに小沢が、ゼネコン各社からのトンネル献金に利用したといわれているのがパーティー券だ。

4年で4億円近いパーティー券収入

小沢の政治団体、小沢一郎政経研究会（以下、政経研究会）は、'04年から'07年にかけて毎年3～4回、「小沢一郎政経フォーラム」と銘打った政治資金パーティーを開いている。パーティー券の価格は一枚あたり2万円。その収入は、4年間で実に総額3億7352万9320円もの巨額に達している。

「小沢一郎政経フォーラム」のパーティー券収入

会場：ANAインターコンチネンタルホテル東京「プロミネンス」

開催年月日		パーティー券収入	購入人数	会場費
'05年	4月11日	**2943万9160円**	305人	244万9657円
	7月7日	**2946万円**	307人	240万405円
	9月27日	**2628万6000円**	289人	241万784円
	12月7日	**2824万円**	298人	245万6850円
'06年	4月11日	**2593万9160円**	331人	291万8175円
	7月14日	**2248万円**	295人	260万7307円
	9月26日	**2161万円**	291人	235万9153円
	12月6日	**2014万円**	298人	240万678円
'07年	4月19日	**1779万5000円**	298人	230万2387円
	9月18日	**1715万5000円**	305人	248万5108円
	12月19日	**1907万5000円**	336人	――

3年間で総額2億5761万9320円のパーティー券収入

内訳を見ると、'05年の収入は計1億1342万5160円で、政経研究会は前年繰越金を含めて2億1000万円を陸山会、誠山会と小沢一郎東京後援会（以下、東京後援会）に寄付している。'06年は9016万9160円のパーティー券収入のうち、9000万円を陸山会、誠山会と東京後援会に寄付。'07年は5402万5000円の収入があり、うち3000万円を陸山会、誠山会に寄付している。

ところが、毎回2000万円前後の収入を誇る政治資金パーティーにもかかわらず、どこの誰が多額のパーティー券を購入したのかまったく不透明なのだ。
’05年は20万円以上のパーティー券を購入した企業名が7社、翌’06年は5社が政治資金収支報告書に記載されているが、’07年になると一社の企業名も記されていない。しかも、3年間にわたって、パーティー券を購入した個人の名はまったく記載されていない。300人前後の購入者から2000万円のカネを集めていることから、一人あるいは一社で複数のパーティー券を購入しているケースが含まれているはずだ。しかしそれが記載されていないということは、購入者の具体名が表に出ないよう細心の注意が払われていると推察される。これは異様なことではないか。

前出の神戸学院大学法科大学院の上脇教授はこう指摘した。

「’07年の場合、政治資金パーティー開催事業費の合計が689万円で、収入合計が約5400万円。収益率85％以上という非常に効率的な資金集めの方法です。これほど高い収益率というのは、実質的な寄付行為と解釈できるのではないでしょうか」

政治資金規正法は、20万円を超えるパーティー券を購入した団体や個人の名前や住所を公表するよう定めている。一方、寄付は5万円を超える場合に団体や個人名を公表しなくてはならない。法の精神に照らせば、事実上の寄付であるパーティー券購入もまた5万円以上で購入者名を公表すべきではないか。上脇教授が続ける。

「収益率の高すぎるパーティー収入は、社会通念上パーティーの範疇《はんちゅう》を超えるものであるから、実質的には寄付として報告されるべきです。したがって、収益率の高いパーティー収入については、寄付の場合と同じように5万円を超えるパーティー券購入者の氏名、住所及び職業（団体にあっては、その名称、主たる事務所の所在地及び代表者の氏名）並びに寄付の金額と年月日が政治資金収支報告書に記載されなければなりません。しかし、『政経研究会』はそのように報告していません。これは〝違法〟な報告ではないかとの疑惑が生じます」

私は、あるゼネコン関係者から'08年12月に東京・六本木のANAインターコンチネンタル東京（旧・東京全日空ホテル）の地下1階「プロミネンス」で開催された「小沢一郎政経フォーラム」の案内状を入手した。主催は政経研究会。関係者によれば、この案内状は小沢事務所の秘書が直接、ゼネコン各社を訪れ、大量に持ち込んだものだという。

案内状の白い封筒や出欠の返信ハガキ、パーティー券、振込用紙には同一の番号が振られている。この番号により、小沢事務所はどのゼネコンが何枚のパーティー券を購入したのかをチェック。代

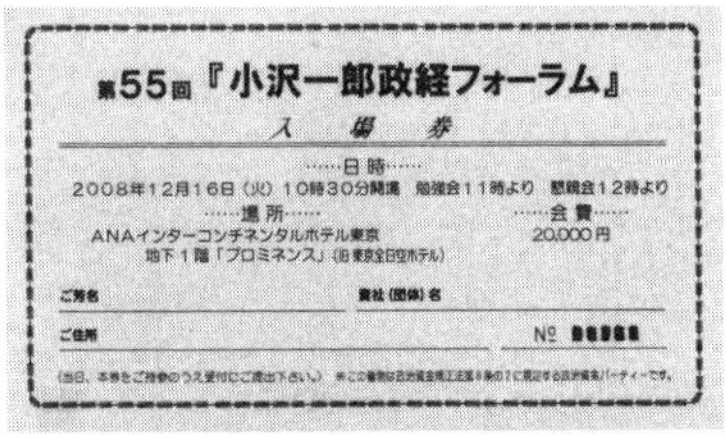
第55回『小沢一郎政経フォーラム』
入　場　券
……日時……
2008年12月16日（火）10時30分開場　勉強会11時より　懇親会12時より
……場所……
ANAインターコンチネンタルホテル東京
地下1階「プロミネンス」（旧東京全日空ホテル）
……会費……
20,000円
ご芳名
貴社（団体）名
ご住所
№ [redacted]

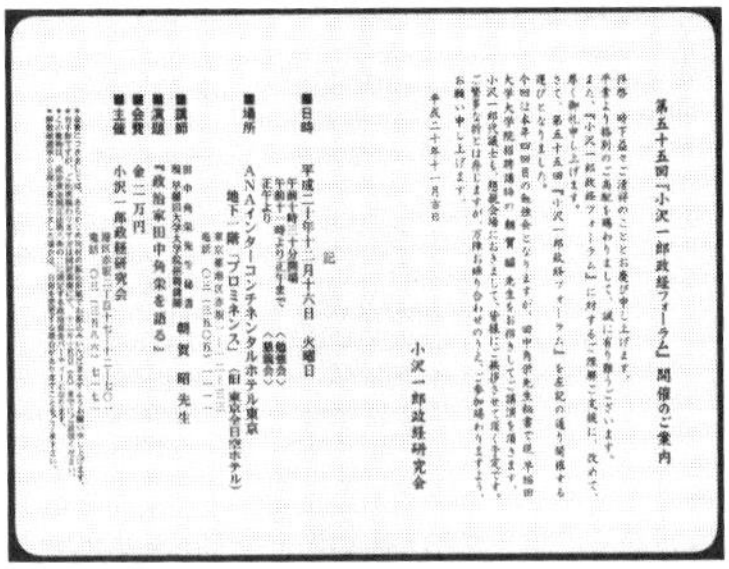
第五十五回『小沢一郎政経フォーラム』開催のご案内
平成二十年十一月吉日
小沢一郎政経研究会
記
■日時　平成二十年十二月十六日　火曜日
■場所　ANAインターコンチネンタルホテル東京
地下一階「プロミネンス」（旧東京全日空ホテル）
■講師　朝賀　昭　先生
■演題　『政治家田中角栄を語る』
■会費　金二万円
■主催　小沢一郎政経研究会

'08年12月に行われた「小沢一郎政経フォーラム」の案内状と入場券。会費は1枚2万円だ

金が入金されていないと秘書が頻繁に催促の電話を入れるという。つまり、パーティー券は事実上の献金というわけだ。

同ホテルによると、会場となった「プロミネンス」は最大収容人数が約2000名だという。目をひくのは振込用紙に記載された、パーティー券購入代金の振込指定銀行名。そこには「りそな銀行衆議院支店」と記されていた。

なお、陸山会の'05年から'07年の収支報告書によると、陸山会が不動産を取得するために借りたカネと利息の返済先は「小沢一郎」と「りそな銀行衆議院支店」だった。つまり、パーティー券代の入金と不動産の借金返済は同じ支店が窓口となっていたのである。

同じ部屋で複雑にカネが移動

一方で、これらの団体の支出の欄を見ると、収入のほとんどが一つの政治団体へ寄付という名目で迂回していることがわかる。

陸山会——。

民主党岩手第4支部と政経研究会。この2つの団体を使って集められたカネが陸山会へ流れているように見えないだろうか。

民主党岩手第4支部への企業献金は、'98年には1148万円、'99年には1155万円だったが、'00

年からは1億746万円、'01年は9032万5000円と急増している。それと軌を一にして、'01年からは陸山会への寄付が開始されている。'04年から'07年の4年間で総額3億8000万円にも及ぶ。

政治資金パーティーを収入源とした政経研究会の陸山会への寄付も巨額だ。同じ'04年から'07年で総額2億2000万円の計算になり、民主党岩手第4支部と合わせた総額は、6億円にも達している。つまり陸山会に6億円もの巨額なカネが迂回して入っているのだ。

陸山会と政経研究会の所在地は、東京・赤坂の同じマンションの同じ部屋である。陸山会の会計責任者、政経研究会の代表者を務めていたのは、逮捕された小沢の秘書・大久保隆規だ。

それだけではない。

同じマンションに所在する小沢の政治団体、東京後援会にも、政経研究会は寄付をしている。そして、寄付を受け取った東京後援会は、陸山会との間で寄付をやりとりしている（'04〜'06年）。ちなみに、東京後援会の代表者も大久保である。

同一の部屋の中で、キャッチボールのようにカネが移動する。そして、トンネルをいくつもくぐり抜けると、その先にはいつも陸山会の名前が浮上するのである。どうして小沢はこうも陸山会へカネを集中させる必要があったのか。

小沢は口を閉ざしているが、多額の不動産購入による蓄財の原資に充てられたことは疑いようがないではないか。

小沢が陸山会の政治資金で、都内などにマンションを買い始めたのは'94年からだ。'07年の政治資金収支報告書によれば、陸山会が保有する不動産は総額10億3429万円にものぼる。これらは陸山会の「事務所費」で購入されているが、その所有者はすべて小沢一郎名義なのだ。

陸山会が不動産を購入する際、小沢自身はその不動産を担保に借金をしている。小沢が銀行からカネを借り、そのカネを陸山会へ貸し付ける方式だ。なかには'04年、小沢個人が陸山会に4億円もの現金を貸し付け、陸山会は2年でその借金を返済しているケースもあった。

それを取り仕切る役目を担っていたのが、逮捕された公設第一秘書の大久保、参考人として事情聴取された元秘書の石川、さらに'91年から小沢の秘書を務め'00年から2期、衆院議員を務めた樋高剛《ひだかたけし》、そして'07年の時点で、陸山会の事務担当者を務める秘書の池田光智《みつとも》だった。

彼ら秘書グループは議員会館に顔を出すことがほとんどなく、もっぱら東京・赤坂の陸山会の事務所に詰めていたという。企業担当要員でもあったわけだ。

小沢後援会の元幹部がこう吐露した。

「年齢こそ大久保のほうが上だが、経験の長い石川は大久保の〝上司格〟。大久保は西松に献金請求書を出し、交渉の場に顔を出したようだが、実務を仕切っていたのは石川だ。小沢の信頼は厚く、実質的な会計責任者といってもいい。樋高はさらにその先輩で、小沢の運転手をする傍ら献金の割り振りから入金のチェックなど、巨額の資金管理を任されていた」

小沢は陸山会の資金で秘書宿舎を建てるなどして、自宅近くに秘書を住まわせていた。秘書らは朝早くから小沢邸に集められ、朝食の準備や草むしり、新聞の切り抜きなどをさせられたという。しかし、それだけではなかった。

もうひとつの目的は、小沢邸で秘書の結束を固めるとともに、資金管理にまつわる〝秘密保持〟のためではなかったか。小沢は危ないカネの操作をしていたからこそ、秘書らを手元においておかないと不安だったのではないか。小沢は民主党代表の座を辞すればすべてを失うことに繋がりかねないと脅《おび》えていたのではないか。小沢の地元・奥州市の古くからの後援者は吐き捨てるように、私にこう語った。

「小沢はもはや『国民の生活が第一』などと語る資格はない。やっていることは『自身の生活が第一』にすぎないじゃないか」

陸山会は'05年から'07年の収支報告書で、その「政治活動費」の支出の大部分は、前述したように代表である「小沢一郎」と「りそな銀行衆議院支店」への借入金と利子返済で埋められている。政治活動というべき形跡はほとんど見あたらない。西松建設からの違法献金がこの返済資金に充てられたと見ても不思議ではない。

空虚に響く「企業献金の廃止」

元自民党副総裁・金丸信の「東京佐川急便5億円事件」（'92年）や小沢自身も疑惑の矢面に立った「ゼネコン汚職事件」（'93年）などの金権スキャンダルを逆手に取るようにして、小沢は'93年の細川護熙連立政権を陰で操り、小選挙区制と政党交付金（助成金）制度導入の「政治改革」を主張、率先してやり遂げた。当時、細川首相は国会でこう答弁していた。

「公費による助成金を導入することで、（企業・団体献金は）廃止の方向に踏み切る」

国民の税金である「政党交付金」を拠出するかわりに、「企業・団体献金」は見直し、5年後をメドに廃止しようというものだった。いわば国会での公約でもあった。ところが旗振り役の小沢は'94年に早くも「企業・団体献金容認」の発言をしていた。'94年10月18日の会見のことだ。

——昨日の経団連の懇談会で、小沢さんは政治資金について「3分の1が公的助成（政党交付金）、3分の2が個人・企業献金」と言った。総額いくらの話か。

小沢　いくらと言うこともない。

——著書『日本改造計画』の中では、「公的助成のための支出は年間1000億円程度」と明記している。すると総額3000億円か。

小沢　総額いくらとは言っていない。おカネは多分かかると思う。あんた計算してみなさいよ。

新聞広告を出したりテレビを使ったり、どれくらいかかるか。無料でやってくれりゃいいや、米国みたいにマスコミも政治的なアレをいやだの何だのと言わずに出してくれるようになったらね。（そうでなきゃ）大変なおカネがかかるでしょ。

――そういう話を経団連でしたのは「企業献金よろしく」という意味か。

小沢　そんなことはないすよ。そんなことはない。

――企業献金の容認は、今後も変わらないか。

小沢　もちろん。私はいいという立場です。変わりません。

――日本新党は「企業献金廃止」を主張して……（小沢がさえぎって）

小沢　だからみんなの考えで結論は決めるの。私は最初から企業献金はいけないなんて言ってない。

――政策の根本が違う状況で、新・新党は大丈夫か。

小沢　そんなことはない。政策の根本じゃない。

――小沢さんは経団連で「政治改革の趣旨はカネがかからないようにするのではなく、カネの出入りを明確にすること」とも言った。しかし、カネがかからないように企業献金を廃止する、と言ったほうが分かりやすい……（再びさえぎって）

小沢　あなたの考えはそれでいい。私の考えは違う。

――しかし、政治家も自ら血を流すべきではないか。

小沢　（言葉を荒らげ）政治家と政治活動は違う。あんた方、ごっちゃに議論するから、いつまでたってもダメなんだ。電話一本かけるのにどのくらいかかるのか。新聞代も通信費だけでどのくらい使っているのか。現実問題を考えなきゃダメ。十万人にはがきを出したら何ぼかかるか。あんた方は、一方において「国民にもっと知らせて意見を吸収しろ」と言う。一方で費用のかかることは否定する。じゃあ、どうすんの？

小沢は政治家と政治活動は別というが、それは詭弁であって誰が見ても一体不可分ではないか。小沢には最初から「企業・団体献金」の見直しなど念頭になかったというしかない。

だいたい、前述したように5年後をメドに廃止しようとした「企業・団体献金」はその後、どうなったか。

たしかに政治資金規正法は'99年に改正され、企業・団体が政治家個人の政治資金管理団体に献金することは'00年から禁止された。

しかし、抜け道があった。

企業・団体が政党支部に献金するのを認めたことだ。

小沢が3月4日の会見で、「（企業献金なら）政党支部で受領していれば何の問題もなかった。

どういうところから（カネが）出ているのかというたぐいは、詮索しない」と弁明したのはそのためだ。

つまり、法的には辻褄《つじつま》が合っているのだから問題がないと言わんとしたのだ。

しかし実態は、法の抜け道を使い、西松からダミーの政治団体を介した違法献金を受けとっていたのである。しかも、その法は小沢自身がかかわってつくられたものだ。法を最も熟知し、その抜け道を知る男が、法を逆手にとっていたというしかない。

言うまでもなく、陸山会の政治資金には民主党岩手第４支部を迂回、言葉を換えれば上納させた税金が流れ込んでもいる。小沢は陸山会を通じた自身の資産形成のために率先して税金と企業献金を二重取りするという裏切りに手を染めていたといっても過言ではない。

民主党はいまさら小沢が口にするまでもなく、'04年、'05年の「マニフェスト」で「公共事業受注企業からの政治献金を全面禁止」という政権公約を掲げていたのだ。その理由は、「税金の還流で、政官業の癒着の温床になっている」

ということだった。小沢はここでも自ら、「公約破り」をしていたのである。そのことに目をつむり、恥じることなく再び「企業・団体献金廃止」とは到底、承服できるものではない。小沢は国民に対し、二重、三重の背信行為を働いたといえるのではないか。この男がさらに院政を敷こうというのは国民にとって悪夢でしかない。

小沢とともに動いた巨額資産

東京・千代田区紀尾井町。永田町からほど近いこの一等地には、超高層40階建てのグランドプリンスホテル赤坂がそびえる。

その隣に薄茶色の外壁で覆われた瀟洒《しょうしゃ》な5階建てのオフィスビルがある。正面のドアを入った横にある3階の郵便受けには「改革国民会議」「改革フォーラム21」「小沢一郎政治塾事務局」と3団体のネームが記されていた。

改革国民会議とは小沢が党首に就き、'03年に解散した自由党の政治団体。改革フォーラム21は小沢が代表幹事で'94年に解散した新生党の政治団体だ。新生党解散時から15年もの間、2つの小沢系政治団体は生き延びていたのである。

しかも、'07年の政治資金収支報告書によると改革国民会議の収入総額は11億7170万4675円で翌年度への繰越額は約11億1100万円。改革フォーラム21の収入総額は6億9264万1116円で、翌年度への繰越額は約6億9000万円。2団体で計18億1000万円もの現金がプールされていたわけだ。いったい、どのようにして18億円もの巨額なカネを貯め込んだのだろうか——。

小沢は政党をつくっては壊すことを繰り返してきた政治家だ。

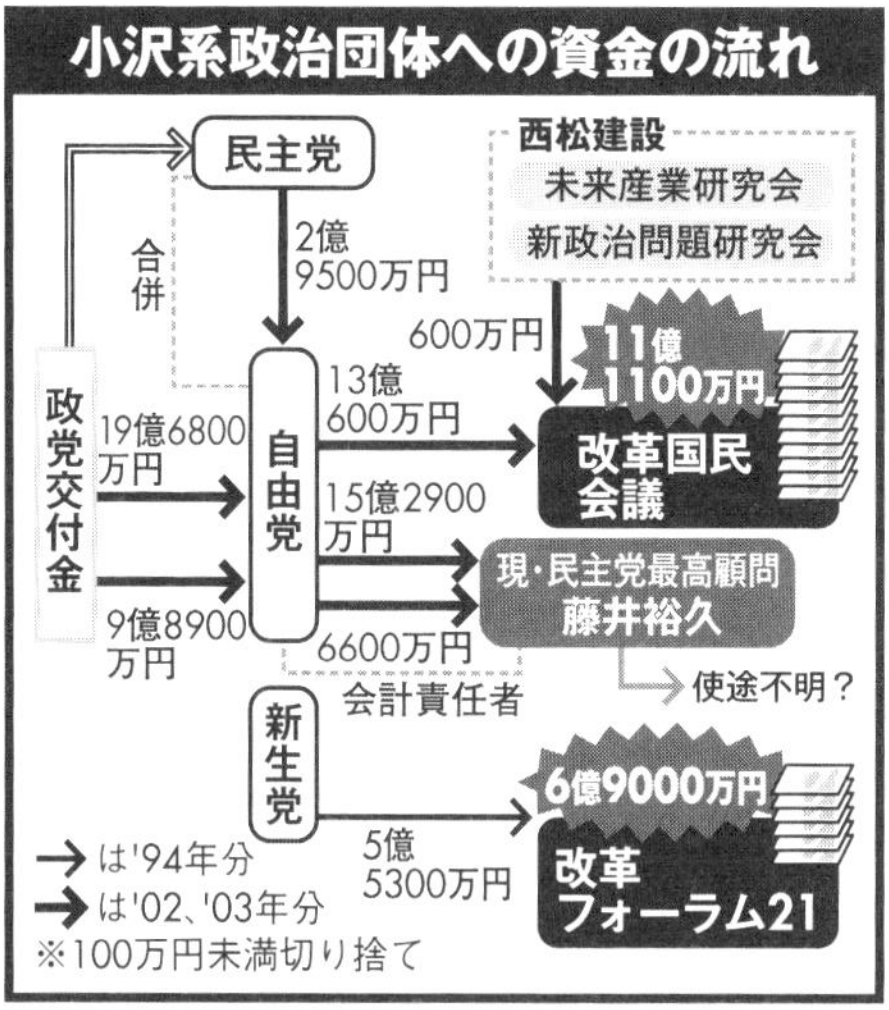

’92年８月、自民党副総裁・金丸信の「東京佐川急便ヤミ献金事件」をきっかけに、当時の自民党最大派閥・経世会で激化した跡目争い。その抗争で小渕恵三に敗れた小沢は自民党を飛び出し、’93年、新生党を結成した。同年８月、非自民の細川護煕連立政権を擁立し、’94年には新生党を解散して新進党を結成するも分裂。

その後小沢は’98年に自由党を結成し、’99年、自民党との自自連立政権を樹立する。’00年、小沢は当時の小渕首相に自民党、自由党を解党し保守新党を結成することを迫り、合意できずに連立を解消した。そして’03年、自由党の分裂を経て、民主党と合併したのだった。

その離合集散の〝遺産〟として残されたのが約１８億１１００万円ものカネだ。

収支報告書によると、自由党に支給された国民の血税である政党交付金は’02年が約19億６８００万円、’03年が約９億８９００万円。政党助成法によると、政党の解散時点で残っている交付金は国に返納しなくてはならない。だが、自由党がその返納をした形跡はどこにもない。

実は〝抜け道〟があった。自由党の政治団体だった改革国民会議の'03年の収支報告書によると、自由党は民主党と合併した「'03年9月26日」に計約13億6000万円ものカネを改革国民会議に寄付していたのだ。

なぜ、こんなことができたのか。総務省政治資金課によれば——。

「政党助成法第33条第2項3号の規定により、（政党の解散時）法務大臣は政党助成金の返還を命令することができるのですが、それは解散した後に残っているおカネについてです。当該の政党の報告書に解散までに寄付などで支出し、残金ゼロということであれば返還を求めるべきおカネがないということです」

つまり、政党の解散時に交付金の残高がゼロになっていれば、どの政治団体に〝横流し〟しようが事後的にチェックのしようがないというのだ。これは国民の血税の使途を問わないという、〝法の欠陥〟ではないか。

政治家としての倫理を問われるのは、小沢がその〝欠陥〟を逆手に取るような行為をなしたことだ。

'00年の自由党の分裂劇でのことだ。小沢は一方の〝旗頭〟と目されていた当時の運輸相の二階俊博（現・経産相）に涙を浮かべながらこう頼み込んだという。

「もう一度、（政権交代の）勝負させてほしい。あなたを頼りにしている」

しかし、二階らが保守党を立ち上げると小沢は一転して、「あなた方が勝手に出ていくのだから」と、交付金の分割を求める保守党の主張に一切耳を貸すことがなかった。結局、自由党に支給された総額約28億円の交付金は一円も保守党に渡すことはなかった。

小沢は民主党と合併する際、自由党から改革国民会議に対し当時残っていた約21億６７００万円ものカネの半分以上にあたる約13億６０００万円のカネを移し替えた。その操作をすることで、本来なら民主党の政治資金になるはずのカネを手元に留めたのだ。小沢は自由党のカネをそのまま温存させることで、まったく〝持参金〟も持たず民主党と合併したといっても過言ではない。

民主党から自由党へ３億円

一方、'03年の自由党の収支報告書によると、当時、菅直人が代表を務めていた民主党は、自由党が解散を控えた2日前、約2億９５００万円の寄付を自由党にしていたのである。この不可解な資金提供は自由党への〝支度金〟の性格を帯びたものではなかったのか。自由党の元幹部はこう吐露した。

「（民主党の）菅はなぜ3億近くのカネを解散直前の小沢に出したのか。当時、ある民主党幹部は『小沢は一円も出さないのに、（民主党から）カネを持っていくのか』と怒っていたが、ほとんどの民主党議員は知らされていなかったようだ。だいたい小沢は菅からの3億円に限らず、自由党のカネがどこにどう動いているかということを党内に満足に知らせることはなく秘密主義だった。自由党の解散時にも党のカネの決算報告は一度としてなかった。小沢は〝カネと人事〟を握ることで党内に影響力を持つことに腐心していたといってもいい」

不可解なのはこれだけではない。'02年の自由党の収支報告書によると、当時、自由党幹事長で同党会計責任者の藤井裕久《ひろひさ》（現・民主党最高顧問）に対し'02年7月と12月の3回に分け「組織活動費」の名目で、約15億2900万円もの巨額なカネが支出されているのだ。

政治資金規正法によると、組織活動費とは「政党の組織活動に要する経費（選挙に関するものを除く）で、例えば大会費、行事費、組織対策費、渉外費、交際費の類」をいう。しかも、支出されたカネがどのように使われたのかという報告は求められていない。つまり、藤井に支出された約15億円もの巨額なカネは〝使途不明〟なのだ。

神戸学院大学法科大学院の上脇教授はこう指摘した。

「政党交付金は、議員数や得票数に応じて交付された税金ですから、政党が解散すれば当然、国庫に返納すべきお金なんです。それをしないで、誰のための団体か明確にしない政治資金規正法で区分される『その他の政治団体』が受け継いでいるようなことは、現在の法律には違反していないかもしれないが、政治的には問題です」

小沢は政党の離合集散を繰り返し、自身の息のかかった政治団体に巨額なカネを〝内部留保〟してきた。'93年の細川連立政権を陰で操り、政党交付金制度の導入を主導したのは小沢だ。国民一人当たり２５０円の税金を原資とした年間約３２０億円にのぼる政党交付金、その交付金の仕組みを最も知りつくした小沢が〝脱法行為〟に手を染めていたとなれば、国民への裏切り行為ではないか。

第3章　裏切りの歴史

佐川急便事件と小沢の関係

山梨県のＪＲ甲府駅から乗り込んだ車が向かったのは、南アルプス山系の麓にある小さな町だ。険しい山並みの頂上付近は雪煙が舞いあがっていた。タクシーに乗り、約20分で着いた小高い丘に、薄茶色のブロック塀で囲われた瀟洒な洋館風の邸宅があった。

山梨県中巨摩郡白根町《なかこまぐんしらねまち》（現在は南アルプス市）。その邸宅の主は、「政界のドン」の名をほしいままに、「キングメーカー」として権勢をふるった元自民党副総裁、金丸信であった。金丸は'96年3月、糖尿病の悪化による脳梗塞《のうこうそく》で死去。享年81だった。

金丸は'92年8月に発覚した「東京佐川急便5億円ヤミ献金事件」（佐川急便事件）を契機に、議員辞職にまで追い込まれた。だが、在任中は自民党の最大派閥・経世会会長として、時の政権を自身の派閥が操るという「二重権力構造」を築いていた。

土臭い親分肌も持ち合わせていた。

「政治家は義理人情を忘れてはならない。私は義理人情の政治家だ」（'73年11月）

「このシャバは君たちの思うようなシャバではない。親分が右と言えば右、左と言えば左なのだ。親分が右と言うのにいやだと言うなら、この派閥を出ていくほかない」（'84年10月）

含蓄《がんちく》ある独特の〝金丸語録〟で人をひきつける胆力をかねそなえた稀有《けう》な「キングメーカー」

金丸信と小沢一郎の関係

'85年2月	竹下登を会長に創政会を旗揚げ
'87年7月	経世会(竹下派)を結成
11月	金丸、経世会会長に就任
'89年8月	小沢、47歳で自民党幹事長に就任
'90年9月	金丸、北朝鮮を訪問し、金日成主席(当時)と会談
'91年4月	小沢、都知事選敗北で幹事長辞任。経世会会長代行に
11月	宮沢喜一政権が誕生
'92年1月	金丸、自民党副総裁に就任
2月	東京佐川急便元社長らが特別背任容疑で逮捕
8月	佐川急便から金丸へのヤミ献金が発覚し、副総裁を辞任
9月	金丸、東京地検特捜部に政治資金規正法違反で略式起訴。地検に罪を認める上申書を提出し20万円の罰金刑が確定
10月	金丸、議員辞職し、経世会会長も辞任
12月	小沢、羽田孜らと経世会を離れ、「改革フォーラム21」結成
'93年3月	金丸、脱税容疑で逮捕。数十億の不正蓄財が発覚
6月	小沢、羽田らと自民党を離党し、新生党結成
7月	第40回衆院選で自民党過半数割れ
8月	非自民8会派による細川護熙連立政権誕生
'96年3月	金丸、糖尿病の悪化による脳梗塞で死去。享年81

でもあった。また、自派にあっては誰よりも小沢一郎を寵愛し、小沢にすれば海部俊樹内閣で47歳にして自身を自民党幹事長の座に引き立ててくれた陰の功労者である。

ひとつの逸話がある。'89年7月、「芸者スキャンダル」で宇野宗佑《うのそうすけ》首相がわずか2ヵ月という短命で政権の座から追われたときのことだ。金丸は47歳の小沢に、

「おまえが（首相を）やれ」

と声をかけた。小沢はこのように断ったという。

「ものには順序がある。それにいまはミーチャン、ハーチャンの時代だから、私には合わない」

さらに'91年10月、海部俊樹首相が辞任を表明したときも金丸は再び小沢に首相就任の声をかけるが、小沢は固辞したというのだ。

小沢自身、こう吐露していた。

「（金丸から）朝から晩まで説得された。僕が断ると、『お前は何だ』と言って怒られた。『一日でも総理大臣になりたいというのが政治家じゃないか。それを何でお前は俺の言うのに断るのか』と言って」（『小沢一郎　政権奪取論』朝日新聞社）

「イッちゃんは来ないねえ。イッちゃんは忙しいんだろうな……」

「ドン」とまで呼ばれ、栄華と没落をきわめた金丸は、死に至る最後まで小沢のことを気にかけていた。目を細めながら懐かしさを込めて小沢を「イッちゃん」と呼ぶ時の姿は、淋しそうですらあったという。

しかし、そうまで気にかけられた小沢は、金丸が議員辞職したころからその前に姿を現すことはなかった。金丸の死後も通夜と一周忌には訪れたが、それから10年以上にわたり、金丸の眠る白根町には一度たりとも姿を見せていない。なぜ小沢は金丸との過去を消し去るかのように足を運ばないのか――。

'08年11月28日、私はＪＲ新宿駅から特急で約１時間半で着く甲府駅に降り立った。金丸の次男で私設秘書を務めた金丸信吾《しんご》に会うためだ。

甲府駅から歩いてすぐの繁華街の一角に、死後も門を開いている金丸の後援会「久親会《きゅうしんかい》」の事務所があった。信吾はその久親会の代表で、境川カントリー倶楽部（山梨県笛吹市）の代表も務める。事務所の中には在りし日の金丸を偲《しの》ぶパネルが所狭しと掛けられていた。その応接間で、金丸の死後、小沢と金丸の関係について〝沈黙〟していた信吾が、初めて口を開いたのだった。

「（佐川急便事件が発覚した直後）オヤジと会ったら、オヤジは『小沢（当時は経世会の会長代行）に任せているから、小沢と相談してやってくれないか』と繰り返し言うんです。小沢さんを心底、頼りにしていたんです」

佐川急便事件は、朝日新聞の報道から政界ルートに火が付いた。'92年8月22日付の同紙の1面の見出しはこうだった。

「『金丸氏側に5億円』と供述　東京佐川急便の渡辺元社長」

記事は、佐川急便の渡辺広康《ひろやす》元社長（故人）が'89年7月の参院選の前に、経世会会長の金丸から10億円の資金提供を求められ、金丸の秘書に5億円を渡した、という内容だった。ここでいう秘書とは、公設第一秘書の生原《はいばら》正久だ。

5日後の8月27日、金丸は突如、永田町の自民党本部で記者会見し、あっさりと5億円の受領を認め、自民党副総裁の辞任を表明したのだった。この会見に同席したのは、小沢の側近で経世会事務総長だった佐藤守良《もりよし》で、佐藤は金丸のメモをこのように代読した。

「実は平成2年（'90年）の総選挙の事前に、（東京佐川急便の）渡辺さんから献金の申し出があったので、ご辞退申し上げたわけだが、数週間たって私の秘書から渡辺さんが事務所へ5億円届けられたという報告を受けた。私はご辞退申し上げたのに、と思いながら、わが同志への陣中見舞いだと認識した」

金丸は会見の場で、経世会会長も辞任する意向を示した。この辞任会見を見て最も驚愕《きょうがく》したのは、約100人もの経世会所属の国会議員だった。何も知らされておらず、寝耳に水も同然の状態だったからである。知っていたのは、金丸から相談を持ちかけられていた小沢らごく一部だけ

だったという。このことが後に派内から、
「小沢は佐川急便事件に乗じて、経世会会長の座を乗っ取るためのクーデターを仕掛けた」
という批判の噴出につながり、熾烈《しれつ》な派閥の内部抗争に発展していく。

「経世会を乗っ取ろうとした」

地元を任せられていた秘書の信吾は急遽上京し、議員会館の裏手にある高級マンション「パレロワイヤル永田町」6階の東京事務所で金丸と会った。

信吾によると当時、彼は金丸信とこのようなやりとりをしたという。

信吾　あのカネ（5億円の献金）はどうしたのか。

信　オレにもわからん。佐川（急便）の渡辺（元社長）はオレに「選挙にはカネが要るでしょうから」と（資金提供を）申し出たが、オレは断ったんだ。その頃、オレは選挙の遊説で全国を飛び回っていた。その間に渡辺がカネを持ってきてしまった。後で（秘書の）生原から（渡辺から）カネを受け取ったという報告を受けたが、オレはカネを触っても見てもいない。

信吾　（5億円の）献金を認め、自民党副総裁を辞任するに当たり、オヤジは弁護士と相談したのか。

信　いや、オレは弁護士なんて知らん。会ったこともない奴には相談してもいないよ。

信吾　（辞任会見で佐藤守良が代読した）メモの文章はオヤジが書いたのか。

信　オレが自分で書くわけがないだろう。佐川（急便事件）のことは最初から小沢に全部、任せているんだ。小沢と連絡を取って相談してやってくれんか。オレはマナ板の上に乗った鯉だ。ただ、生原は〝第2の青木〟にするんじゃないぞ。

金丸の辞任会見を小沢が取り仕切ったのは明白だった。会見当時、ある経世会所属議員が生原に「誰がこんなメモをつくったのか」と問い詰めると、生原は「（金丸）先生が了解していることですから」と答えたという。メモは最初から事態の処理を一任された小沢が生原と2人で作り、小沢は腹心の佐藤に代読させたと推察できる。しかも信じがたいことに、小沢は金丸に弁護士すらつけていなかったのである。

金丸のいう「第2の青木」とは、竹下登の秘書を務めた青木伊平《いへい》のことだ。'88年6月に発覚した「リクルート事件」で時の首相・竹下の周辺に未公開株譲渡などの名目でリクルートから総額2億円にのぼる資金提供が判明。竹下は首相を辞任し、その翌日、青木は東京・代々木の自宅マンションで首吊り自殺を遂げた。58歳だった。自殺の数日前、青木は金丸のもとを訪ねている。金丸は憔悴《しょうすい》しきった彼にこう言葉をかけたという。

「竹下が総理になれたのも、あなたがいたからじゃないか。絶対気を落としちゃダメだよ」

青木は頭を下げたきり絶句、男泣きに泣いたという。


青木伊平の死後、私は何度となく彼の出身地、島根県出雲市大社町に足を運んできた。'92年暮れのことだ。当時、102歳の青木の父親は不自由な足をひきずりながら、ゆっくりと息子の墓に通いつめていた。長身で痩せ細っていて、耳が少し遠かった。父親は墓の前に立つ私に、口元をゆがめ、わずかに微笑むだけだった。

父親は一日に何度も墓に足を運び、桶で墓に水をかけ、墓の白い砂場を清掃するのが唯一の日課になっていた。

私に何もしゃべらない父親ではあったが、その胸中では傍《はた》からうかがい知れない感情を押し殺していたようだ。青木の同窓生は呟いた。

「リクルート事件のころ、伊平の顔が映るテレビに向かって『こら、伊平！　おまえはまた何か悪いことをしたのか。伊平……』と叫んでいたんです」

また、ある古老はこう語った。

「〝平さん〟が自殺した時、父親は『うちの息子が死んだといって、何で竹下のために死ななきゃならんの。あんまりじゃ』と誰にともなく一人ごとのように話していたらしい」

別の古老は青木の死を悼《いた》み、こう述懐するのだった。

「竹下（登元首相）さんはカネが入ることには黙ってても、カネが出ていくことには黙っとらん。リクルートで伊平さんが自殺した時、みんな『伊平さんが責任を負わされた』と言った。あとは竹下さんは知らぬ、存ぜぬで通せば証拠もなにもないでしょ。わしら、伊平さんは秘書の鑑《かがみ》と思うとった。死んだもんが、一番つまらん。生きて、頑張っとってくれれば……。無念じゃのう、無念じゃ」

青木はなぜ自殺しなくてはならなかったのか――。その死は私の胸の中でいまもってナゾにつつまれている。

彼は死の前年、出雲市の旧制大社中学校48期同窓会の文集、「おもはゆ」2号（'88年4月発行）にこのような一文を寄せていた。

〈私はたまたま昨秋の政変で、竹下登総理の誕生に際し、凄まじい政権抗争の中枢にあって複雑極まりない人間関係を垣間《かいま》見て、（中略）激しい政権抗争を繰り返す中で、血わき肉おどる政治家集団の中で、なぜか常に『冷めた』ものを感じてなりません。所詮政治にはそぐわない者がずるずると泥沼に入ったことを深く反省する昨今です〉

金丸はその青木伊平の名を口にすることで、生原を庇《かば》ったのだ。

しかし、信吾が上京後にその生原と連絡を取ろうとしても杳《よう》として所在がつかめなかった。生原だけではない。処理を任された小沢とも、信吾はまったく連絡が取れなかったのである。

当時、元自民党幹事長・野中広務は高輪（東京都港区）の議員宿舎で向かいあった私に、興奮気味の甲高い声でこう語っていた。

「あいつ（小沢）は金丸さんの（佐川急便）事件の処理を独占するために、金丸さんの前でさめざめと泣きながら『私に任せて下さい』と頼みこんだんや。大の男が涙を流してやで。（事件の）処理を独占することで、派内で一気に優位に立ち、派閥を乗っ取ろうとしたんや。あいつはすぐに涙を流せる奴なんや」

金丸は自民党副総裁を辞任した。しかし、それだけで済むはずはなかった。追い討ちをかけるように'92年９月９日付の朝日新聞はこう報じた。

「金丸前副総裁を立件へ　東京地検　佐川献金、制限金額上回る容疑」

記事によると、当時、政治資金規正法は同一の者から政治活動に対して年間１５０万円を超える寄付を受けることを禁止しており、これを超えて献金を受けた者には20万円以下の罰金が科せられるという。東京地検特捜部は金丸をこの政治資金規正法の量的制限違反容疑で立件する見通しだ、と報じたのだった。

小沢の目算はここで狂った。じつは、小沢には当初、佐川急便の渡辺元社長から提供された５

億円が政治資金収支報告書に記載されていなかったことから、これが政治資金規正法で禁止する虚偽記載にあたり、会計責任者で秘書の生原だけにその罪を負わせようと目論んでいた節がある。

金丸は苛立《いらだ》った。金丸は小沢が仕組んだ会見で「自民党副総裁を辞任し、5億円をもらった」と言えば事態は収まると踏んでいたのだった。しかし、事態はまったく逆の方向に進んだ。

金丸は9月25日、東京地検の求めに応じる形で、「5億円は自分個人あての献金だった。自分のほうから要求したものではなく、公設第一秘書の生原には責任がない」などと記した「上申書」を提出し、政治資金規正法違反で20万円の罰金が科せられる略式起訴に応諾した。東京地検はこれを受理し、佐川急便事件は決着するはずだった。

しかし、金丸にとって事態はさらに悪化する。

「5億円ももらって、たった20万円の罰金だけでは許せない。政治家に便宜を図る特捜部は死んだのか」

逆に世論に火を付け、金丸は窮地に追い込まれていく。金丸は精神的に動揺した。経世会に所属した閣僚経験者の秘書によると、騒動の最中、小沢は東京・元麻布にあった金丸邸に出向き、土下座して涙を流しながらこう語ったという。

「金丸先生を守ることができなくて、申し訳ありませんでした」

金丸は義理人情に篤《あつ》かった。小沢は金丸に一度ならず涙を見せることで、金丸の感情の襞《ひだ》に触れ自らの企みをうやむやにしようとしたのかも知れない。

しかし、小沢はこれで諦めず、どこまでも金丸の存在を利用しようとした。野中の著書『私は闘う』（文藝春秋刊）によると、小沢の腹心、佐藤守良はメディアに包囲されて家から出られない金丸邸に来ては、こう繰り返していたという。

「経世会の会長だけは小沢に譲ってほしい」

自民党を牛耳っていた最大派閥、経世会の後継指名権は会長を務める金丸が握っていたからである。その金丸は結局、世論の集中砲火に抗しきれず'92年10月14日、議員辞職し、経世会会長の座も辞任した。

その頃のことだった。信吾によると、小沢は佐藤とともに「パレロワイヤル」の事務所に訪れたという。金丸に語りかけるのは佐藤で、小沢は折り目正しく手を膝の上に置き黙って座っているだけだった。二人は金丸に頭を下げ、こんな会話を交わしたという。

'93年７月、脱税事件の初公判のため、車イスで東京地裁に入る金丸信元自民党副総裁（写真・共同通信社）

佐藤　経世会の後継（会長）に小沢を指名してもらえませんか。

金丸　オレはもう辞めていく人間だ。そんなことはできない。ただな、一つ言っておきたいことがある。頼むから、派閥を割らんでくれないか。

小沢はこの場を最後に、金丸の前にプッツリと姿を現さなくなったと信吾は言う。小沢は自らを寵愛してくれた金丸という人間を利用するだけ利用し、力が弱まり利用価値がなくなると、バッサリと切って捨てたといったら言い過ぎだろうか。

その後、金丸は'93年3月、東京地検に4億円の脱税容疑で逮捕された。割引債や金塊など、数十億円にのぼる「不正蓄財」が発覚したからだ。小沢は金丸が保釈されても、電話一本かけてくることはなかった。糖尿病が悪化し、急速に体力が衰え、白内障で左目がほぼ見えなくなっていくなか、それでも金丸は小沢を庇うようにこう口にしていたという。

「小沢はいい男だ。そんなに悪い奴じゃない」

経世会の跡目争いで小渕恵三に敗れた小沢が、派内の「反小沢包囲網」に抗う形で羽田孜らと自民党を飛び出し、新生党を結成したのは'93年6月だった。小沢は「派閥を割るな」という金丸の最後の頼みさえも守ろうとしなかった。

'93年７月から始まった脱税事件の公判で、金丸の弁護側は「蓄財は個人的なものではなく、政界再編に備えた新党の政治資金」と主張した。信吾によると、金丸は経世会が自民党を割って出て、社会党右派や民社党、公明党を含めた「新党結成」を思い描いていたという。信吾は言う。

「新党結成になったら、オヤジは小沢さんを一緒に連れていき、中心に据えたでしょう。小沢さんに託した夢はあったに違いない」

しかし、その新党構想は小沢が経世会を分裂させたため、金丸の見果てぬ夢で終わった。それどころか、小沢は金丸との過去を消し去ろうとするかのように振る舞うのだった。小沢という男について、信吾は最後に、こう呟いた。

「冷酷というか、そういう人間だったんだなあと言うしかない」

死を前に、目の不自由な金丸の楽しみは寝室に引いた有線ラジオで、落語や歌謡曲、ニュースを聞くことだったという。

小沢が小渕に仕掛けた「密室会談」

年の瀬も押し迫った'08年12月21日、私は上越新幹線でＪＲ高崎駅に向かった。そこから群馬県の草津温泉の入り口に向かう吾妻《あがつま》線に乗り換え、のどかな吾妻川の川べりに沿うように約50分で着く中之条駅に降り立った。

群馬県吾妻郡中之条町は人口1万5000人の小さな町だ。'00年5月、62歳で急死した元首相・小渕恵三の郷里である。小渕の実家は、古くは子だくさんの貧しい農家の娘らを女工として使い繭《まゆ》から生糸をつくる工場を営んでいた。駅からなだらかな坂道を上がった林昌寺にある小渕の墓碑には白い百合の花が添えられていた。

小沢という男の本性を知るとき、小渕恵三という存在を抜きにして語ることはできない。'92年8月に発覚した元自民党副総裁、故・金丸信の「東京佐川急便5億円ヤミ献金事件」。前述のように、小沢はこの事件に乗じて、金丸が会長を務めていた自民党の最大派閥・経世会（竹下派）の「乗っ取り」を策謀。結局、小渕が経世会の後継者に選ばれ、跡目争いに敗れた小沢が自民党を飛び出した。

しかし'99年1月、小沢は袂《たもと》を分かったはずの自民党と手を結ぶのだった。'98年7月、橋本龍太郎政権下で行われた参議院選挙で自民党は惨敗。責任を取って退陣した橋本に代わり、首相の座に就いたのが小渕だ。現在と同じように、参議院では野党が過半数を占め、与党・自民党は窮地に立たされていた。小沢は当時、菅直人が代表を務める民主党に次いで野党第2党だった自由党の党首。ところが、金融政策が焦点となった「金融国会」で、菅はこれを「政局としない」と発言したことから野党間に亀裂が走る。'98年11月、自由党は自民党との連立に合意し、翌年1月に自自連立政権が発足したのである。

小渕と小沢。しかし、この因縁の2人は再び決裂する。'00年4月1日、小渕は小沢と官邸で会談し、その直後、自由党との連立解消を明言したのだ。さらに会談のあった日の午後11時ごろ、公邸で小渕は脳梗塞に倒れ、4月2日午前1時15分ごろ、東京・御茶ノ水の順天堂医院に運び込まれる。小渕は生死をさ迷う重篤の状態で、1ヵ月半後に帰らぬ人となった。

「イッちゃんが、無理なことを言ってな。イッちゃんには困ったもんだ……」

自民党閣僚経験者によれば、小渕は脳梗塞で倒れる以前から、嘆くようにこう口にしていたという。首相在任中に倒れ、意識も戻らぬまま非業の死を遂げた小渕。いまもって真相がベールに包まれている、2人の「密室会談」で小沢は何を仕掛けようとしたのか——。

この「密室会談」に至るまでには、一つの伏線があった。元自民党幹事長・野中広務によると、この会談より1ヵ月ほど前の3月初め、官邸で小渕と小沢の「秘密会合」が持たれたという。間に立ったのは、劇団四季創始者、浅利《あさり》慶太《けいた》。浅利は演劇人でありながら、元首相・中曽根康弘のブレーンを務めるなど、政財界に豊富な人脈を持っている。

この会合で小沢は小渕にこう迫っていたという。

「3月いっぱいで自民党を解党してほしい。自由党も解党するから合流して、一緒に一大保守連合をつくろう。それができないなら、われわれは連立政権から離脱する」

小沢は連立からの「離脱カード」で小渕を揺さぶったのだ。小渕は頭を抱え込み、野中にこう漏らしていたという。

「イッちゃんがまた無茶を言ってきた。昭和30年（'55年）に自由党と日本民主党を合体して自由民主党をつくった。その先輩たちがここまで築き上げた苦労を思うにつけても、オレは自民党を解党し、壊すなんてことはできない」

そして4月1日、当時、連立政権に加わっていた公明党の代表・神崎武法《かんざきたけのり》と官房長官・青木幹雄も出席して、官邸で公式に会談が行われた。野中によると、小渕と小沢のやり合いが激しく、青木が神崎に2人だけで話をさせる場に切り替えることを持ちかけて中座。小渕と小沢の2人だけの時間はわずか20分ほどだったという。この「空白の20分」にどのような応酬があったのか、小渕が亡くなった今となってはつまびらかにはならない。ただ、小沢は小渕に対し、3月初めの「秘密会合」と同じようにこう主張したとみて間違いない。

「自民党の解党ができないなら、政権を離脱する」

当時、参議院自民党議員会長だった村上正邦（76歳）は'08年3月、東京・永田町の議員会館裏手にある高級マンション、パレロワイヤル永田町の事務所で、「密室会談」に触れ、私にこう述懐した。

「あの日（'00年4月1日）の昼近く、私はホテルオークラで小沢と会った。自民党幹事長の森（喜朗）もいた。その場で『小渕と一緒にやっていこう。連立を維持しよう』となっていた。ところがその後、官邸での会談で小沢は『公明党との連立を解消し、自民党を解党すべきだ』と小渕に迫ったという話が入ってきた。すぐに官邸の青木に電話をしたら『決裂です』と。会談の決裂後、小沢はただ言葉少なに『(小渕は)話にならん』と口にするだけだった」

小渕が入院したことを知った小沢は4月3日、自由党の幹部に「密室会談」での小渕の発言をこう披瀝《ひれき》していた（朝日新聞'00年4月4日付）。

'00年４月、三者会談に臨む神崎武法公明党元代表と小渕恵三元首相、小沢一郎民主党前代表（写真・時事通信社）

「(小渕は)また、イッちゃんといっしょにやりたいなあ。経世会のころが一番楽しかった」

この小渕の発言に対し、小沢は次のような印象を持ったという。

「今思うと、(小渕首相は)しきりに昔話ばかりしていたなあ。なんでこんなに古い話ばかりするのかと思った」

小沢は〝美談〟でおさめるつもりだったかもしれないが、私には小沢の言葉が空疎に聞こえる。元をただせば盟友の小渕に倒れる直前までかかわった一人にしてはあまりに乾いた言葉ではないか。

小沢は一度自民党を飛び出したにもかかわらず、今度はその自民党にすり寄り、自民党から権力を奪い取ろうとしたのではなかったか。一緒に政権を繕《つくろ》うための話し合いをしたのではなく、逆に政権を壊し、自身が乗っ取るための策を弄したのではないか。

当時の自由党幹部によると、小沢が官邸での会談にのぞむ直前まで党内の大勢は「連立維持」だった。つまり、小沢は党に諮《はか》ることなく単独で小渕に「自民党の解党」を迫ったといっても過言ではない。その幹部は呟いた。

「(会談の決裂に)驚くしかなかった。小沢という男はつくづく、最初に権力と(小沢)自身ありきの人。ひと言でいえば政局の人だ。怖ろしいことを仕掛ける奴だと感じた」

私は小渕の郷里、中之条町を訪ねた翌日、新幹線で京都に向かった。野中広務に会うためだ。野中は日程が立て込んでいたがわずかな時間を割き、事務所の執務室で小渕の最期について遠くに目をやりながら語った。

「オレはな(二人の『密室会談』の後)小渕さんとは会っていない。小渕さんはそのまま首相公邸に帰って、(順天堂医院に)運び込まれてしもうた。それから、もう二度と会うことはできんかった……。小渕さんは小沢の(自民党解党の)要求を蹴り、自分の手で小沢を切ることがようできんかった。3月から小渕さんは『自民党を壊すことはできない』と、一人、悶々《もんもん》と1ヵ月も悩んでいたんや。相当、身体にこたえたやろうなあ」

小渕家は小沢に対し、言葉には出さないが決していい感情を持っていないという。小渕の元秘書・滝川俊行は印象的な場面を言葉少なに私に語っていた。

「(小渕が脳梗塞に倒れた)原因か……。ただ(小渕の)息子(長男)は、小沢さんの責任と思っていたようだ。小沢さんが小渕さんの葬儀に来た時、息子は目を見開いて小沢さんを睨みつけていた。その姿を見た野中さんが、『なかなか見どころのある息子じゃないか』と言っていたのを憶えている」

無論、私は小渕が脳梗塞に倒れ、死に至った原因を小沢にだけ求めようとしているのではない。だが、小渕の死に、小沢のあまりに無謀で一人よがりとしかいいようのない主張が影を落としているのは否定しようがないのではないか。

小沢にとって権力こそがすべてなのだ。権力を奪取していったい何をしたいのか、私は小沢の口から胸に響く言葉をこれまで聞いたことがない。小渕は、その小沢のあくなき権力欲に振り回された一人だったのではないか。

小沢にとって小渕は政治家として自身より格が下とでも見ていたのかもしれない。小沢はこう吐露していた。

「利口な人なら自民党に残っただろうね(笑い)。僕は派閥では、事務局長、事務総長、そして

っていようが、そんなことと関係なく、キングメーカーとして権勢をふるえて、きっと左うちわだったんだろう」（『小沢一郎　政権奪取論』）

'07年7月の参院選で民主党は大勝し、参議院で第1党になった。その「数の力」をもってして、小沢は福田康夫首相（当時）に自民党と民主党の「大連立」を仕掛けた（小沢は否定）。10月30日と11月2日の2日にわたって、福田と小沢は「大連立」構想の党首会談のテーブルにつく。

しかし、民主党内部の猛反発に遭い大連立構想は頓挫し、小沢は民主党代表を辞任する意向を表明。その後、周囲の説得で辞意を撤回するという迷走劇まであった。小沢は'07年11月16日付の朝日新聞のインタビューでこのように本音を吐露している。

「（民主党議員は）権力を知らないからだ。僕は権力をとれば（民主党の目玉政策は）簡単にできることを知っている」

「（大連立は）選挙で勝てる最大の方策で、自分の政治判断は今でも正しいと思っている。だが、みんなが望まないのだから捨てる以外ない」

幸いなことに「大連立」は幻と消えた。しかし、その原因は「みんなが望まない」からであって、小沢自身に責任はないというのだ。小沢は、権力を握れば政策などは後からついてくるという。彼ほど露骨な権力至上主義者は、ほかに存在しないのではないか。

私には、小沢は「数の力」を背景に権力を奪取し、自民党を自身の軍門に降《くだ》らせるという野心の男に見えてならない。小沢には自身を追い込み、袂を分かつにいたらしめた自民党への怨念が煮えたぎっているのではないか。

野中広務の告白

過去には小沢一郎民主党前代表を「悪魔」とまで罵った野中広務元自民党幹事長（写真・時事通信社）

「小沢のような政治家は見たことがない。土地やマンションなどの巨額の資産を作るのに使ったカネは、政治資金やろ。その政治資金には、国民の税金が（政党交付金として）入っとるんや。あいつは自分（名義）の資産形成のために税金を使ったんや」

元自民党幹事長の野中広務は咽《のど》から絞り出すような声でこう語った。'08年9月30日のことだった。

その前日の29日午後1時過ぎ、野中は東

京・永田町の砂防会館別館2階にいた。TBS「ニュース23」の収録のため上京していたのだ。広い応接室には何人ものジーンズ姿のスタッフが出入りし照明のライトが眩《まぶ》しく光っていた。野中は紺系のスーツを着て、手に何枚もの新聞コピーをたずさえていた。

廊下の隅に小さなソファーがあった。私はそこに野中と並んで座った。

「あいつ（小沢）はな、自民党を飛び出して『政治改革』を口にしよった。それに異を唱えるオレらをさんざっぱら『守旧派』呼ばわりしてな。その『改革』は何かいうたら、政党交付金（税金）と小選挙区制（の導入）や。そもそも交付金は党に渡すことで、その党の実権を握る権力者が思いのままに使うおそれを持っている。（小沢が）政治資金でぎょうさんマンションを買うことが、思いのまま税金を動かしている人間がやることか。小選挙区制だってな、少数の有権者の民意を反映したものになっとらんのや」

わずかな時間、野中は震える声でこうまくしたてた。その日の夕刻、京都に戻る野中を待ち受けるつもりで、私は雨でごった返すJR東京駅に立っていた。その丸の内中央口から野中に電話を入れた。

「聞き足りないことがあるので新幹線にハコ乗り（同乗）させていただくわけにいきませんか」

「無理や、無理」

その夜、野中は「ニュース23」で小沢に触れ、こう語っていた。

「(小沢は) 最後の一戦に政治生命を賭けているというが、国家をどうしようというものがない。アメリカに隷属《れいぞく》し、危ない方向に持っていくのではないか。(アメリカに) すごい弱みを握られているのではないか。

(小沢は) いまは亡き田中角栄 (元首相)、金丸信 (元自民党副総裁)、竹下登 (元首相) さんにかわいがられた人。しかし、小沢さんはすべて葬《ほうむ》った。その罪は重い」

私は翌30日朝、新幹線に飛び乗って京都に向かった。

「なんや。ワシかて忙しいんや」

私は押しかけるようにしてJR京都駅の近くにある彼の事務所に向かった。

野中にとって小沢は'92年、経世会 (竹下派) が跡目争いで分裂して以来、不倶戴天《ふぐたいてん》の敵だった。当時、経世会の会長だった金丸信元自民党副総裁の「東京佐川急便事件」による会長辞任をきっかけに、派内抗争が激化。後継に小渕恵三が就任した結果、小沢や羽田孜ら44人が自民党を飛び出し、翌年6月に新生党を結成した。経世会には元首相・竹下登をはじめ、野中ら66人が残り、以後、野中は小沢と激しく対立するようになる。

私はこれまで野中の口から小沢を批判する言葉を何度も聞いている。深夜、「野中番」の新聞記者らが帰るのを待ってから訪れた、議員宿舎の部屋で向かい合うことが多かった。番記者らの帰った後だけにテーブルの上のガラス製の灰皿にはヤマのように吸いガラがたまり、流しにはいくつものビールの空き缶があった。
　ネクタイをはずした野中の白いワイシャツにはカフスボタンがついているときもあった。野中は小沢のことに話が及ぶと、苛立ったような口調になるのだった。
「小沢は虚像がそのまま大きくなって、世間を歩いているような男だ。だが、沈まない。カネと人事を握っているからな」（'93年11月）
「小沢は野に放っておいたら危ない。何をしでかすかわかったものではない。あいつの牙を抜かなくてはならない」（'98年12月）
「東北の雪深い山奥で親のすねをかじってぬくぬくと育ってきたやつらは情というものがないなあ」（'00年11月）
　野中は小沢を叩きに叩き、'94年に小沢が新進党を結成したときは「悪魔」とまで呼んで罵倒した。野中は身近で小沢を見て、その資質や政治手法を熟知している男だ。５年前の'03年10月に政治家のバッジをはずして以後も、野中の小沢への敵愾心《てきがいしん》はいささかも衰えていなかった。
　小沢の政治遍歴と資産形成を、野中はどう見ているのか。背広にネクタイをキチッと締め、82歳（取材時）という高齢をいささかも感じさせない甲高い声で、野中はこう語るのだった。
「あいつはな、何度も政党をつくっては解党するという、『むすんでひらいて、手を打ってむすんで』を繰り返してきた奴や。カネに対する執着も昔からすさまじかった。だいたい、あいつは新生党から新進党に行く時、新生党に残っていたカネをどうしたのか。自由党が民主党と合流する時だって、自由党のカネ（政党交付金を含む政治資金）は（民主党に）持っていかなかったと聞いている。そのカネがどこに消えたのか、明らかにしていないやないか」

野中は小渕政権にあって、小沢と自自連立政権を樹立する時の官房長官で当時、その実力から「陰の総理」と呼ばれた。その野中が、堰《せき》を切ったように言うのだ。

「（法律では）政党は解党した時に、（政党交付金を含めて）その党で持っているカネは使ったように帳尻を合わせれば国に返さなくともいいようになっとるんやろ。あいつは、法律に定められていないからといって自分のものにしているんやないか。政治資金も同じことだ。法律は政治資金で土地などの不動産の購入を禁じてはいない。しかし、だからといって法の不備を突くようにしてぎょうさんの不動産を買って資産を形成することが、政治家として認められるわけがないやろ。第一、その政治資金には（政党交付金という）国民の税金が入っとんのや。後期高齢者医療制度のように国民が負担増に苦しんでいるというのに何や、あいつのやっていることは。国民の苦しみがわかっとらんのや」

野中は興奮していた。目を見開いて私を見据えると、唐突にもこう切り出したのである。

「あいつは国家的に危険な奴や。経世会分裂の時だってあいつは我々が知らんうちに（派閥の金庫から）カネを持っていったんや」

'00年	'01年	'02年	'03年	'04年	'05年	'06年	'07年
4億3086万円	4億6999万円	3億4453万円	5億3886万円	7億3125万円	9億4915万円	4億377万円	1億822万円
0円	**2800万円**	0円	0円	**4億円**	0円	0円	0円
3655万円	**9748万円**	3377万円	**9912万円**	3836万円	**4億1525万円**	5835万円	4651万円
5744万円	6306万円	**1億2506万円**	3364万円	3517万円	**2億3970万円**	**2億3641万円**	4298万円
2億1900万円	2億1900万円	1500万円	7150万円	4億7150万円	2億5650万円	5650万円	5650万円

港区赤坂などに総額6585万円で2件の不動産購入

仙台市などに総額5650万円で2件の不動産購入

世田谷区深沢に3億6587万円で不動産購入

世田谷区深沢に3209万円で不動産購入。港区赤坂の不動産を1300万円で売却

※官報などを元に作成。金額は千の位で四捨五入している

14年で約16億円の巨額事務所費

私は思わず、「どういうことか」と聞き返していた。野中はこともなげに言った。

「ガポッとカネを持っていった。気がつかなかった。まさか、あいつがそこまでやるとは思わなかった。（経世会に残った人間は）人がよかったんだろうな」

――ガポッというが、いくらぐらいか。億単位か。

「億や。（金庫に）残っていたのは2億円くらいやった。もう、（それ以上は）持ち出されないように急いで封を貼ったんや」

――いったい、派閥にはいくらあったの

郵便はがき

料金受取人払郵便

小石川支店承認

1262

差出有効期間
平成23年3月
17日まで

112-8731

東京都文京区音羽二丁目
十二番二十一号

講談社　第一編集局

「単行本係」行

愛読者カード

今後の出版企画の参考にいたしたく存じます。ご記入のうえご投函くださいますようお願いいたします(平成23年3月17日までは切手不要です)。

ご住所　〒

お名前

電話番号

メールアドレス

このハガキには住所、氏名、年齢などの個人情報が含まれるため、個人情報保護の観点から、通常は当編集部内のみで拝読します。

ご感想を小社の広告等につかわせていただいてもよろしいでしょうか?
いずれかに○をおつけください。　〈実名で可　　匿名なら可　　不可〉

TY 2153126-0902

この本の書名を
お書きください。

ご購入いただいた書店名

（男・女）
年齢　　　　歳

ご職業　1 大学生　2 短大生　3 高校生　4 中学生　5 各種学校生徒
6 教職員　7 公務員　8 会社員（事務系）　9 会社員（技術系）　10 会社役員
11 研究職　12 自由業　13 サービス業　14 商工業　15 自営業　16 農林漁業
17 主婦　18 フリーター　19 その他（　　　　　　　　　　）

●この本を何でお知りになりましたか？
1　書店で実物を見て　2　広告を見て（新聞・雑誌名　　　　　　　）
3　書評・紹介記事を見て（新聞・雑誌名　　　　　　　）　4　友人・知人から
5　その他（　　　　　　　　　　）

●毎日購読している新聞がありましたらお教えください。

●ほぼ毎号読んでいる雑誌をお教えください。いくつでも。

●いつもご覧になるテレビ番組をお教えください。いくつでも。

●よく利用されるインターネットサイトをお教えください。いくつでも。

●最近感動した本、面白かった本は？

★この本についてご感想、お気づきの点などをお教えください。

陸山会 政治資金の使途と不動産の売買

	'94年	'95年	'96年	'97年	'98年	'99年
収入総額	7億1912万円	5億5027万円	3億3570万円	4億8921万円	5億5229万円	6億1891万円
(小沢一郎からの借入金)	**1億3800万円**	**1億6200万円**	0円	0円	0円	0円
事務所費	**3億8558万円**	**2億283万円**	2860万円	2374万円	2637万円	**9459万円**
その他の経費	1212万円	4902万円	4961万円	4858万円	4851万円	5474万円
預金等	0円	1億6000万円	1億6000万円	1億6000万円	1億9400万円	2億1900万円
不動産の売買	港区元赤坂などに総額2億9489万円で5件の不動産購入	港区赤坂に1億7000万円で不動産購入				港区赤坂などに総額6610万円で2件の不動産購入

か。

「8億円くらいはあった」

——ということは、小沢が持ち出したのは6億円ということになる。そのカネが後の資産形成や新生党の結党資金の原資になったということか。

「そうじゃないのか」

小沢は経世会の分裂に乗じて、本来派閥の活動費として集められた資金を、派閥に相談することなく、自らの資産形成などのために持ち出していたのではないかと野中は疑念を抱いていたのだった。

事実、経世会の秘書らは金庫を守るためピケを張ったという。

「このころから、経世会のカネをめぐる確執が露骨になり、小渕氏側の秘書グループが『小沢・羽田グループにカネを持ち出されないように』と、派閥の金庫のある砂防会館別館の事務所に陣取る場面もあった」（朝日新聞'93年9月10日付）

'94年から始まった小沢の政治団体、陸山会の資産形成に支出されたのは、'94年から'07年までの14年間で総額15億8709万円にものぼる事務所費だ（前ページ表参照）。政治資金規正法によると、事務所費は人件費や光熱水費などの経常経費の一部で、本来事務所の家賃や電話使用料、切手など「事務所の維持に通常必要とされるもの」と規定されている。

その事務所費で、小沢は'05年に世田谷区深沢8丁目の高級住宅地に3億6587万円の秘書宿舎を購入した。'95年に夫人の和子名義で約3億円相当の豪華な秘書邸を建て、すでに陸山会として12件の不動産を保有していたにもかかわらず、さらに秘書宿舎を新築する必要性がどこにあったのか。

さらに不可解なのは、陸山会が事務所費で不動産を購入するたびに、「小沢一郎」からの借入金が膨れ上がっていることだ。

小沢は不動産の購入にあたって、その不動産を担保にさくら銀行（現・三井住友銀行）や大和銀行（現・りそな銀行）から借金をしている。

登記簿によると、小沢は'94年から'95年にかけて陸山会が資産として計上している千代田区麴町や港区赤坂の物件を担保に、さくら銀行から3億円を借りている。ところが、陸山会の政治資金収支報告書にはさくら銀行からの借入金の記載はなく、代わって「小沢一郎」からの3億円の借入金が記載されているのだ。つまり、小沢がさくら銀行からカネを借りて、そのカネをそのまま陸山会に貸し付けていることになる。

同様に、'01年も小沢は港区南青山の物件を担保に2800万円を大和銀行から借りているが、このカネも陸山会に貸し付けているように見える。

「官報」には、陸山会は'94年に1億9700万円、'01年に3500万円、'03年に5650万円を大和銀行から借りた旨が明記されている。にもかかわらず、前述の3億円と2800万円は、銀行からではなく「小沢一郎」から借りたとしている。「小沢一郎」からの借入金にしなくてはならない何らかの理由があったのだろうか。これは借入先を偽った「虚偽記載」にあたるのではないか。

さらに手元にある陸山会の収支報告書（'05〜'07年分）を見ると、「政治活動費」の大半が「小沢一郎」と「りそな銀行衆議院支店」への借入金と利子返済で埋められていることがわかる。小沢は陸山会に対し、'04年に4億円もの現金を貸し付けているが、陸山会は'05年と'06年にそれぞれ2億円ずつ返し、完済している。

小沢に潤沢な資産があることがうかがえるが、代表を務める政治家からの借入金の返済が大半を占める「政治活動」とは異常ではないか。陸山会は政治団体とは名ばかりで、不動産業が本業ではないかと見まがうほどなのだ。

「税金を使って秘書宿舎を新築」

繰り返しになるが、陸山会の政治資金には税金が流れ込んでいる。小沢の場合、'01年から'03年は「自由党岩手県第4総支部」に、'04年から'07年は「民主党岩手県第4総支部」に国から政党本部を経て「政党交付金」＝税金が支給された。その両支部から陸山会に寄付という名目で迂回したカネは、7年で計6億8195万円にのぼる。

野中が憤った。

「政治資金でマンションなどの不動産を買うという法律の盲点を突いたやり方はあいつの知恵やろ。誰かが助言したわけじゃない。何しろ、あいつは若い時に司法試験に挑んでいるからな。何度も言うが（資産形成に）国民の税金を使っているんや。あいつほどの〝守銭奴〟はいない。いくら政治活動だからというても、いくつもの高級マンションを買い、東京の一等地に何で秘書の宿舎を作らないかんのか。税金がまともに使われているといえるのか」

経世会の幹部として長年君臨した野中の発言に、小沢はどう答えるのか――。

野中の〝爆弾告発〟は小沢がかつて自民党の最大派閥・経世会の「数とカネ」にドップリと漬かった政治家の象徴だったことを想起させる。小沢はその汚れた過去を忘れたのか。

田中角栄と小沢一郎

田中角栄と小沢の邂逅《かいこう》の場面を知りたく、私が角栄の元大物秘書、榎本敏夫《えのもととしお》と初めて会ったのは'93年12月だった。角栄が75歳で死去（12月16日）する数日前のことだった。なぜ、ここで角栄が死ななくてはならないのかと私は愕然《がくぜん》としたことが忘れられない。

そのころ私は、小沢にも疑惑が向けられた「ゼネコン汚職事件」の取材で岩手を歩いていた。小沢の地元、水沢からの帰路、東北新幹線でＪＲ上野駅に着き、わずか10分ほどの上中里《かみなかざと》駅で降りた。夜も遅くなっていた。榎本の自宅は駅からほど近い路地に面してあった。榎本は述懐した。

「一郎君の第一印象はあえていえば純真だった。一郎君は、選挙まで時間がなかった。すぐ奥さん（小沢みち）を出せばと思ったが、そうもいかない。一郎君にしても中学3年から東京育ちだし、（父・小沢）佐重喜先生の後援会を動かすには、おやじ（田中角栄）のバックアップを、ということだった。

小沢一郎民主党前代表を〝秘蔵っ子〟として溺愛した田中角栄元首相（写真・時事通信社）

偶然だが、おやじには一郎君と同じ年齢で、幼くして亡くした男の子がいてね、それが一郎君とダブったこともあったんでしょう。で、佐重喜後援会の人たち、たしか200〜300人が水沢からバス数台で目白（角栄邸）にきて、ギュッと締まったんです」

角栄は小沢に6歳で亡くした長男・正法の身代わりを見たというのだ。2人はこんな会話をかわしたという。

角栄　君は何年生まれだ。

小沢　昭和17年です。

角栄　ああ、おれの死んだせがれと同い年だ。

岩手の地元紙、胆江日日《たんこうにちにち》新聞（'69年10月29日付）は、「田中幹事長全力を約す『小沢氏の公認』で支持者が大挙上京」との見出しでこう報じている。

「一行はきのう午前、田中幹事長の私邸を訪問、衆院選での小沢氏の公認を要請したが、田中幹事長は『公認問題と当選後の政治活動については全力を尽くして応援する。任せてほしい』」

初当選後、角栄は連日、小沢を陳情客らでごった返す目白邸（東京都文京区目白）に通わせた。'76年には小沢を建設政務次官のポストに就けたのを皮切りに角栄の〝秘蔵っ子〟として建設業界に顔を売るようになる。

小沢自身、角栄との師弟関係をこう語っている。

「僕は田中のおやじの死んだ息子と同い年なんです。だから、本当の息子みたいにかわいがってくれました。でも、人事は政局など別の要素が優先された。それで、『お前は若いんだから』と入閣を待たされた。

しかし、田中のおやじは僕には、何も隠さなかった。何でも話してくれました。例えば、中曽根内閣時代に、中曽根首相との内証の電話も、目の前に僕がいたって何も隠さないで、平気で話していた。（中略）だからもういろいろなことを知っている。もちろん、墓場まで持っていく話ばかりですが」（『小沢一郎　政権奪取論』）

小沢はいともたやすく、角栄にかわいがってもらったというが、自身の亡くした長男と同年齢だからという角栄の言葉の意味がどのくらいわかっていただろうか。

角栄の自伝として'67年2月に出版された『私の履歴書―28―』（日本経済新聞社）のなかに次のような記述がある。

「昭和十七、十八、十九の三年間は私の人生全体から考えても大きな歴史であったし、わが国そのものにとってもたいへんな三年間であった。（中略）その一は、昭和十八年には個人企業を田中土建工業株式会社に組織変更し年間施工実績では全国五十社のうちに数えられるようになってきたこと。その二は、長男正法（数え年六歳で病死）についで、長女眞紀子が生まれて私も二児の父親になったこと。その三は軍の工事などで日曜も祭日も全くない日の連続であった」

長男についてはわずか「数え年六歳で病死」と記されているだけだ。が、そのページの左上にはその幼い正法を胸に抱く花子夫人の写真が大きく載っている。目鼻だちのしっかりした子だった。角栄の痛恨の極みがつたわってくる一枚だ。

父・佐重喜が急死し、息子の小沢が初出馬するのはその本の出版から2年余り後のことだった。角栄にとって小沢を引き立てるのは、亡きわが子を引き立てるようなものだったのかもしれない。私はそこに角栄のつきせぬ情を感じてならない。

小学校しか出ずに総理までのぼりつめた角栄と、馬車引きから苦学して弁護士になり政界に入った佐重喜を実父に物ごころついたときには「大臣の子」だった小沢とでは決定的に出自が異なる。

そんな小沢が息子同然に育ててくれた角栄から何を会得したのだろうか。角栄の体臭から何を嗅《か》ぎとったのだろうか。

角栄は『私の履歴書』のなかで母・フメのことをこう記している。

「私の母は朝、真っ暗なうちから起きて、たんぼにはいって働いている。牛や馬の世話もある。毎日、仕事の連続だ。そんな努力の集積を、東京の人たちは何食わぬ顔して持っていく。私は無性に悲しくなった。(中略)私が夜、目をさまして手洗いに行くと、母はいつも何か仕事をしていた。『おかあさんは、いったいいつ寝るのだろうか』と不思議に思った」

子供ごころに母はいつ寝るのかと思ったという角栄。その母・フメは終生、こう口にしていたという。

「総理大臣がなんぼ偉かろうが、あれは出稼ぎでござんしてね。アニ（角栄）もそう思うとります……」

小沢が故郷、岩手・水沢から東京に転校したのは中学3年のときだった。15歳のころだ。

中学を出て故郷を離れ、遠い東京で働く同級生がいた。集団就職である。その子らは「金の卵」と呼ばれ、東北各地から夜行列車で上野駅に着いた。時代がそうさせたとしかいいようのない彼ら同級生への目線が小沢にあっただろうか。

小沢が再び水沢に戻ってきたのは転校から十余年経った27歳のときだった。

小沢の母・みちは夫から息子に代が替わっても選挙区を駆けずりまわった。家々をまわってはひたすら頭を下げていた。

「一郎のことを何とかよろしく頼むあんす」

しかし、母・みちが苦労して築いた選挙区であっても、小沢は当選3回目ごろから帰らなくなった。地盤はみちに任せっきりにしたのだ。小沢に故郷の人々へのぬくもりというべき情が感じられない。そこが角栄と小沢の違いではないか。

そして、その小沢が故郷でやったことは何か。ゼネコンを使い、上から網の目のように支配することだった。業者を小沢への忠誠心で競わせ、ふるい分けることだった。選挙になれば、自身になびかない候補には対立候補を立て、相手を容赦なく追い込んだ。

角栄には人との紐帯《ちゅうたい》があった。その功罪は別にして、角栄に惚れた、角栄を尊敬したという人を私は何人も知っている。小沢の人となりでそういう言葉を口にした人を私はついぞ知らない。

「政治は数なり、数は力、力はカネだ」

角栄の言葉だ。しかし、直弟子の小沢はその角栄から、権力者としての皮相な部分しか会得しなかったのではないか。人を信じず、人を切り捨て故郷すら捨てたような小沢が唯一、信じられたものがカネではなかったか。

「他人に礼を尽くす姿勢が見られない」

「小沢一郎さんという政治家は結局、『政権交代』しか念頭にない。最初に自分自身の描く結論ありきで、それが『政権交代』一点突破。私はその小沢さんの夢を実現するための駒のひとつでしかなかった。小沢さんに振り回されることで、心身ともに疲れ果ててしまったんです」

小沢一郎を真っ向からこう批判するのは、小沢の側近でありながら、後に袂を分かった元防衛相・小池百合子（56歳）である。小池は大きな目で私を見据えながら口を開いた。

元キャスターの小池は'92年7月の参院選で細川護熙の率いる日本新党から立候補し、初当選を果たす。その後、衆院議員に転身し、小沢が党首を務める新進党に合流した。

'97年に新進党は分裂するが、小池は小沢が結成した自由党に参加した。だが、'00年４月に、その自由党も再び分裂に至る。

小池はこの分裂劇で小沢と訣別し、現経産相・二階俊博らが結成した保守党に加わり、自公保連立政権に参加する。そして、'02年12月、保守党から離脱し、自民党に入党。小泉純一郎、安倍晋三内閣では環境相や防衛相など重要ポストを歴任した。

'98年１月に新進党が分裂してできた自由党で、小池百合子氏（右）は広報委員長を務めた（写真・共同通信社）

小池は新進党結成から自由党離脱までの６年間、小沢といわば同じ釜のメシを食い、私から見て虚飾にまみれているとしかいいようのない小沢の素顔を身近に見てきた存在だった。

私がその小池と会ったのは、'09年２月18日と23日の２日間。いずれも小池は多忙な国会の合間をぬって、議員会館の事務所でテーブルを挟み私と向かい合った。取材時間は約60分に及んだ。

２月16日、ヒラリー・クリントン米国務長官が来日し翌17日夜、「ヒラリー・小沢会談」が行われた。

民主党幹部によるとこの会談をめぐり、小沢は当初、「『地方遊説で時間がない』と断った」。ところがその直後に、小沢はこうも口にしたという。

「(ヒラリーが)『会いたい』というなら、会談するのもやぶさかではない」

ヒラリー国務長官との会談からいったんは逃げようとした理由は何だったのか。

海外事情に詳しい自民党関係者はこのような見方をした。

「会談の日程が中曽根弘文外相より後ろだったことや、時間が短いこと、つまり自分の扱いの悪さに対して単純にヘソを曲げたに過ぎません。彼は傲岸不遜な男なんです」

紆余曲折の末に実現された会談だったが、私は小池に、小沢の外交手法について尋ねた。

「私の体験から言っても、小沢さんの場合、いつも周囲が振り回されてしまう。相手と会うのか、会わないのか、『相手が来るなら会ってやってもいい』などと、自分中心に物を言うんです。周囲は会談の手続きに時間を消耗し、非常に疲れてしまう。それは外交だけでなく、国内における政治活動でも同じです。

小沢さんは周りからそれでよかれという政治家として育てられてきたのでしょう。しかし小沢さんの態度は外交以前の人間としての問題ではないでしょうか。他人に対して、礼を尽くすという姿勢がまったく見られません」

「政策よりも政局が第一」

小池の言うように、私は小沢の居丈高《いたけだか》で稚拙《ちせつ》な外交手法には常々疑念を抱いてきた。

小沢は'07年8月、インド洋での自衛隊による補給活動の継続を求めるシーファー駐日大使と会談した。そもそも当初、小沢はこの会談を拒否していた。米国側の強い申し入れもあって、ようやく開かれた会談だったが、小沢はシーファー大使を1時間以上も待たせた挙げ句、この会談を一方的に公開し、記者らの面前で補給活動を断るという、外交史上でも前代未聞のパフォーマンスを演じたのだった。

また、小沢は'08年1月、インド洋給油法をめぐる新テロ特別措置法案の衆院本会議での再議決の際、採決前に本会議を退席。あろうことか、大阪府知事選の応援に駆け付けていたのである。

このとき、鳩山由紀夫幹事長（当時）は、小沢が重要法案の議決の場を欠席したことについて、「（小沢は）反省しなければならない」と憤りを露《あらわ》にしたが、小沢はなんら悪びれることなく、「何を言っているかわからない」と一蹴したのだった。

しかも小沢は会見ではこう居直った。

「（国会の退席について）質問の意味がよく分からない。退席したのがけしからんとの前提で言ってるの？　総理をはじめ国務大臣は、全部本会議に出席しているか？　してないでしょ。してないでしょう……じゃあ総理や国務大臣は出席しないでも何も批判しないで、野党の私だと批判するの？　あの人たちより、おれよっぽど忙しいよ。官尊民卑で体制的な発言は、あまりにも初歩的（質問）で答えづらいが、党首は党首としての務めがある。当然でしょ。わからない？」（毎日新聞'08年1月19日付）

小沢に退席理由を問うことが、どうして官尊民卑で体制的だというのか。メディアは国民の意思を代弁した言論機関でもある。そのメディアを弄《もてあそ》ぶような発言をして恥じない小沢こそあまりに稚拙だとしかいいようがない。

それだけではない。'08年10月、在日米軍駐留経費負担（思いやり予算）の根拠となる特別協定延長案の衆議院本会議採決で、民主党は初の反対に踏み切ったにもかかわらず、採決に先立つ反対討論を行わなかった上、小沢ら10人が欠席したのだった。

小沢は後に記者から欠席理由を問われると「別の日程があった」と説明。次いで、「別の日程とは」と問われると、こう口にしたのだった。

「あんたに言う必要はない。私には私のプライオリティ（優先順位）がある」

さらに'08年10月、小沢は来日したインドのシン首相との会談を、「体調不良」を理由に突然キャンセル。このドタキャンについて小沢は会見でこう言い繕った。

「（自らが）首相になって首脳会談というなら多少体調が悪くても欠席しない。だが、私は首相じゃない」

首相ではないのだから、会談を行う必要はない――。この小沢のどこが剛腕《ごうわん》だというのだろうか。「政権交代」を求める野党第一党だということを隠れ蓑にして国会を軽視し、アメリカとの関係悪化を恐れてか、ろくに説明責任を果たさず逃げ回っているだけではないか。

小池は私の目を見据えながら、一気にこうまくし立てた。

「米国との関係一点にしても、小沢さんのやり方はしてやったりと相手に泡を吹かせて得意になり、その武勇伝を自慢してきた人のように見えてならない。今回のヒラリー国務長官との会談で小沢さんは『言うべきこと、主張すべきことは言わなきゃならない』と述べたそうですが、それは私も同感です。

しかし、肝心の会談の直前になって『会うの、会わないの』で揉《も》めるのはいかがなものでしょうか。いかにも小沢さんらしいとは思いますが。というのも、小沢さんには何をどうしたいのかという具体的な政策がないんです。小沢さんは『国連決議さえあれば国連軍として自衛隊の派遣を認める』と言っていますが、その『国連中心主義』は国益を思ってのことなのか、憲法や法律論を言っているのか曖昧《あいまい》で突き詰められていません。小沢さんは昔から議論を吹っかけて自分で楽しんでいるようなところがある」

そして、小池はこうも吐露した。

「小沢さんは政策よりも、政局が第一なんです。政治の場面、場面はすべて政局でしか見ない。いつも、そうでした。『政権交代』をした後のイメージが彼からは見えない。その結果、国民の生活は右往左往し混乱させせられるのが目に見えるようです。私は不安でなりません」

問題なのは、このような小沢批判が民主党内部から一度として正面切って出てこないことだ。民主党は小沢の政権担当能力をいささかなりとも検証しようとせず、その欠落に目をつむるばかりか、「政権交代」だけのために歪んだ小沢独裁体制の存続に手を貸しているようなものではないか。

全国紙の政治部記者らによると、小沢の側近と目されている山岡賢次国会対策委員長はある会合で、こう披瀝したという。

「小沢とは、『麻生（首相）が早期解散に踏み切っていて（民主党が）政権を奪取していれば、今頃、金融危機の対応は手に余った』と話したんだよ」

〝政界大再編〟のキーマン

小沢は権力奪取しか頭にない男である。その先の政権構想について言及することはほとんどない。蓋《ふた》を開けてみなければわからないというのだ。このような危険な男に最高権力を与えたら、待っているのは自身の意に添わない意見を切って捨てる恐怖支配ではないかという危惧を抱いているのは私だけだろうか。

　小池が小沢と訣別する直前、小沢は当時の首相・小渕恵三と「密室会談」を行っている。前述したように小沢はその会談で小渕にこう迫ったという。

「自民党を解党してほしい。自由党も解党して合流して、一緒に一大保守連合を作ろう。それができないなら、われわれは（当時の自自公）連立政権を離脱する」

　小池は私に、小沢を見限る最後の場面をこのように語った。

「小沢さんが小渕さんに『自民党を解党するなら、自由党を解党する』などと要求するという話は事前に（党内に）何の相談もなく、まったくの単独行動でした。一事が万事この調子で、小沢さんのやることは最初に結論ありき。権力がすべてだということです。

　私は新進党・自由党時代に小沢さんのイメージチェンジ戦略を担当し、メディアに露出するための広報関係を懸命に担ったのですが、小沢さんはそれだけではなく、さまざまな役職を負わせようとする。小沢さんは口では『選挙区に帰り、一人でも握手して来い』と言うのですが、年末になってもとても地元に帰れる状況ではなかった。結局、それで身体を壊し、入院したことは一度だけではありませんでした。

　小沢さんとは最後に電話で（離党の）話をしました。小沢さんは『もし選挙区で（当選が）危うくなったとしても、比例区の１位で当選できるようにするから……』と引き止めてきました。

ですが、私はもう自由党に留まる気はありませんでした。権力がすべての小沢さんにしてみれば、どれだけ周りの人が小沢さんに振り回され、辛い思いをしているか、わかるはずがなかったからです」

小池は一時期をともにした小沢を「政権交代」一点突破主義者と痛烈に批判する。その小沢の本質を突いた発言は、今度は民主党が身をもって体験することになるのではないか。小沢一郎という権力者と相まみえることを避けて通ろうとする民主党が、どうして国民を幸せにできるというのだろうか。

第4章　蓄財のからくり

秘書の住む豪邸

うだるような暑い夏だった。

私はJRや幾つもの私鉄が乗り入れている渋谷駅から、東急田園都市線に乗り3つ目の駒沢大学駅で降りた。そこから広い駒沢公園の緑を車の窓からぼんやりと眺めながら5分程で着く深沢不動前の交差点。小沢一郎の邸宅は交差点から歩いてわずかな所にあった。

私は、小沢が民主党代表に3選される'08年9月下旬より遡ること2ヵ月前から、何度もその交差点に足を運んだ。

東京都世田谷区深沢6丁目。日本体育大学の広大なキャンパスがあり、高級住宅地として知られる東京の一等地だ。ここに小沢の邸宅がある。高級住宅が建ち並ぶその一帯でも人目をひくほどの豪邸だ。小沢がこの土地を取得したのは43歳の時で、初入閣となる自治大臣に就いた年だった。周囲は薄茶色の高い塀と庭に生い茂った樹木で覆われ、敷地内をうかがうことはできない。

その豪邸からゆるやかな坂道を登り、樹齢を重ねたケヤキが立ち並ぶ閑静な住宅街を2分も歩くと、小沢邸と同じ薄茶色の壁で覆われた邸宅がある。2階建てでバルコニーのついた瀟洒な建物が2棟、同じ敷地内にある（左ページ写真）。

2棟といっても、門の近くの一棟には出入り口のドアが2つあることから、2世帯が住めるように内部が仕切られていることがわかる。隣接した奥の一棟は出入り口が一つで、地下に駐車場が備わっている。２棟で合わせて3世帯が居住できる佇《たたず》まいだ。

門の脇には表札が掛かり、手前から「樋高」「木戸口」「玉置」と記されている。「樋高」の表札の下には「佐藤」、「玉置」の下には「川辺」という名字を記したステッカーが貼られていた。市販の住宅地図には、このほかにも「吉良」「今井」「池田」など、計９名の個人が住んでいるように名字が記載されている。

世田谷区深沢にある小沢一郎民主党前代表の秘書宅。'95年に夫人が建設したものだ（撮影・西崎進也）

高級住宅地に建つ地続きの２棟の豪邸に住んでいる彼らの素性はどうなっているのか。

結論からいうなら、「樋高」は樋高剛元衆議院議員で岳父は小沢の「懐刀」と呼ばれた平野貞夫元参議院議員、「木戸口」は木戸口英司元岩手県議で達増拓也現岩手県知事の政務秘書のことで、彼らは小沢の元秘書だ。そのほかの住人も小沢の秘書。つまり、この豪邸は小沢の「秘書邸」なのである。

小沢は自身が代表を務める政治資金管理団体、陸山会の政治資金で、'94年から都内などに小沢一郎名義でマンションを買い始めた。'07年度の政治資金収支報告書によれば、陸山会が保有する不動産は総額10億3429万円にものぼる。政治資金が巨額な不動産の購入に充てられているというのはまったく異例のことだった。

これは政治資金管理団体を隠れ蓑にした資産形成にあたるのではないかと、ジャーナリストの長谷川学氏が指摘した記事「小沢一郎の〝隠し資産6億円超〟を暴く!!」(『週刊現代』'06年6月3日号)を小沢と民主党は名誉毀損で提訴したが、1審の東京地裁に続き2審の東京高裁の判決('08年6月)でも「名誉毀損に当たらない」と判断。小沢側が敗訴し、上告を断念している。

ここで注目されるのは、小沢側のマンションなどは陸山会の所有であり小沢個人のものではないという主張を、高裁判決はこう退けたことである。

「各マンションが陸山会のものであると断定することはできない」

さらに判決は、陸山会についてこうも踏み込んだ。

「権利能力なき社団としての実体を有するかどうか不明」

つまり陸山会の組織としての不透明さにまで言及。

しかも、不動産は陸山会のものであると断定できないということは、判決は不動産が小沢のものであるという可能性を示したといえる。

また'07年1月には陸山会が秘書宿舎として'05年1月、世田谷区深沢8丁目に事務所費3億6586万円を使って新築した物件が小沢名義であったことが問題視され、「政治資金の私物化ではないか」という批判も湧き起こった。

小沢は当時、「秘書の給与が低いから、宿舎を提供してやろうと購入した。個人所有にはならないよう、『確認書』を交わしている」と苦しい弁明をしている。

だいたい不動産はすべて「小沢一郎」の名義で登記されている。法的には小沢個人の所有も同然ではないか。

小沢は陸山会所有の根拠として、「確認書」なるものを提示した。陸山会代表の小沢（甲）が、個人の小沢（乙）と交わしたものだという。あるマンションの確認書にはこのように記されている。

「あくまでも本物件は甲が甲の資金をもって購入するものであり、乙個人は本件不動産につき、何の権利も有さず（中略）。売買代金その他購入に要する費用、並びに、管理費光熱費等本件不動産の維持に関する費用は、甲がこれを負担する」

この確認書がいつ、どこでつくられたのかという疑問はある。それは別にしても、そもそも法的拘束力をもつ確認書といえるのか。不動産の名義は小沢なのに、その購入費用や税金などを全て陸山会の政治資金から支出させることが通るというのか。

弁護士と税理士の資格を持つ日本大学法学部名誉教授の北野弘久氏は手厳しくこう語った。

「小沢さんは確認書なるものを公開したが、こんなものに何の証明力もない。もし必要なら、第三者立会いのもとで公正証書を作成すべきだ。そもそも、なぜ政治活動をするのにこれほど多数の不動産が必要なのか、理解できない」

その上で、北野氏はこう指摘した。

「課税の面でも問題がある。本来の所有者が小沢さんならば、固定資産税その他、不動産維持にかかる費用も小沢さんが払わなければならないし、不動産の賃料を得ているのなら当然、賃借料も小沢さんの『不動産所得』として課税されなければならない。

また、陸山会が支払ったとされる不動産取得に要した費用は、小沢さんの『雑所得』にあたり、小沢さんには相応の所得税や住民税が課税されるのが筋だ。国税庁はなぜこうした状態を放置しているのか」

妻は越山会幹部の長女

章頭の秘書邸には、明らかに小沢の政治活動に従事する秘書が居住している。しかし、他の秘書の宿舎のように小沢の資産としても、陸山会の資産としても公開されていない。登記簿を入手したところ、その理由がわかった。２棟の土地・建物とも所有者が小沢一郎の妻である和子（64

小沢一郎の華麗なる血脈

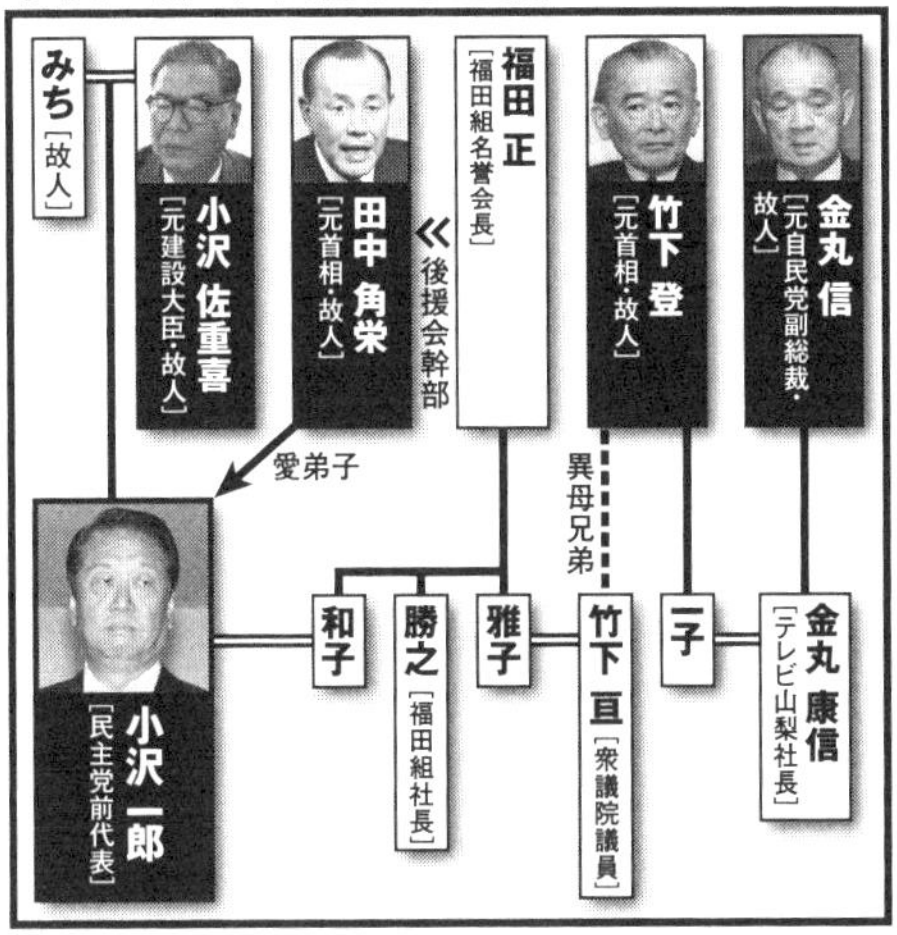

歳）の名義だったのだ。

小沢が田中角栄の口利きによって、新潟県に本社を置く中堅ゼネコンの「福田組」社長（当時、現・名誉会長）で、角栄の後援会「越山会」の大幹部だった福田正《ただし》の長女、和子と結婚したのは、'73年10月のことだった。ちなみに、後に福田正の次女・雅子は元首相・竹下登の異母弟・亘《わたる》と結婚している。また、元自民党副総裁・金丸信の長男で、テレビ山梨社長の康信《やすのぶ》は竹下の長女・一子《いちこ》を妻に迎え入れている。小沢、竹下、金丸の血脈はつながっているわけだ（上図参照）。

小沢は結婚後、和子を母親・みち（故人）のいる水沢市に住まわせ、小沢は単身東京に住んだ。和子は3人の男の子を育てた。

当時の和子は影が薄く、地元後援会の間でもほとんど印象が残っていない。髪を後ろで束ね、地味な服装で買い物をする姿はとても代議士夫人に見えなかったという。

話を戻す。登記簿によると、和子が現在、秘書邸の建つ土地を取得したのは'95年5月のことだ。

小沢はこの時期、新進党幹事長だった。

その小沢が陸山会の政治資金を使って高級マンションなどの購入に手を出すのは和子が秘書邸の土地を取得した前年、'94年からだ。この年に小沢は東京都港区赤坂などに総額約2億9500万円の不動産を5件取得している。つまり、一方は小沢、もう一方は和子とほぼ同時期に多額な不動産に手を出していたのだ。

ここで、ある疑念が浮かぶ——。なぜ、秘書邸は陸山会の小沢一郎名義ではなく妻・和子の名義で登記されているのか。

当該不動産の閉鎖登記簿から取得経過を追うと、新たな事実にぶつかった。

秘書邸の建つ土地を和子より先の'94年8月に取得したのは、新潟市中央区に本社を置く「株式会社リフレ」(以下、リフレ。現在は「フクダハウジング」と改称)。

実はこのリフレは、福田組の子会社である。不動産売買や建物建築、改築を本業としたリフレが設立されたのは'72年6月。小沢が和子と結婚する前年のことだ。しかも、和子はリフレの土地購入時、同社の監査役に就いていた。

'94年9月、第一勧業銀行(現・みずほ銀行)はこの土地に極度額3億5000万円の根抵当権を設定。ところが、1年も経たない'95年5月22日に、リフレは和子に土地を転売した。同日、今度はさくら銀行（現・三井住友銀行）が2億３５００万円の抵当権を設定。さらに土地取得から7日後の'95年5月29日、２棟の秘書邸が和子を所有者として登記された。つまり、リフレが土地を所有していた時から、和子名義の秘書宅の建設工事が始まっていたことになる。

じっさい、和子は'94年12月、世田谷区に「建築計画概要書」を提出していた。それによると、秘書邸の「建築主」は「小沢和子」で、主要用途は「専用住宅」と記されていた。

和子が建物を新築するにあたって、なぜリフレが先に土地を取得する必要があったのだろうか。

根抵当権の極度額からリフレは３億５０００万円で土地を購入したと考えられる。地元の不動産業者に尋ねると当時の価格は土地代だけで３億円程度と試算した。

和子はその土地を翌年に２億３５００万円の借金を作って購入している。仮にリフレが、取得した額より低い金額で和子に転売したのであれば、ファミリー企業による小沢への巨額な企業献金と言われても仕方あるまい。

そうでないならば、和子は頭金1億円超を簡単に用意できる集金力を持っていることになる。

しかも、和子が2億円超もの借金を弁済したのは、取得から4年後の'99年5月のことだった。

税理士の北田朝雪《ともゆき》氏はこう疑問を呈した。

「不思議なのは、４年で弁済できる和子氏がなぜ銀行から金を借りたのか、ということです。当初、何年で弁済するつもりだったのかわかりませんが、4年で返せるというのはなにか当てがあったのかもしれません。たとえば、所有する別の土地を売って返済するといった方法です。しかし、それならば、手数料や利子を払ってまで銀行から借りる必要はなく、土地を購入する際に同時に売ればいい。こういう金の借り方は普通では考えにくい」

さらに、和子はなぜかこの秘書邸の存在を隠そうとしていたふしがある。小沢に短期間仕えていた秘書は私にこう語った。

「(秘書邸は)和子さんが福田組(の子会社)を通して買ったものとは知らなかった。和子さんから『あまり外では言わないように。下宿しているとでも言っておくように』とクギを刺されたことがある」

夫人の年収は約6500万円

和子は高額納税者というもうひとつの顔を持っていた。高額納税者名簿によれば、'90年から'04年の間ほぼ毎年のように二千数百万円の所得税を支払っている。納税額からすると、推定年収は6000万円から7000万円。

その収入の原資はなにか。和子は福田組の株式を約136万株保有している。'04年度の同社の配当から計算すると、和子はこの年度に約1224万円の配当金を受け取ったと考えられる。また、彼女は福田組のグループ企業、レックス（新潟市中央区）の監査役も務めていたので、役員報酬も得ているだろう。この年の納税額約2119万円から推測される所得は約6500万円。これほど高額の役員報酬を得ることが可能なのだろうか。

ここで、もうひとつの疑念が頭をもたげる。前述した世田谷区深沢8丁目に建つ秘書宿舎の建設費約3億6500万円は、'05年度の陸山会の事務所費から支払われていた。同様に和子名義の秘書邸の建設費もまた、政治団体の事務所費から支払われたのではないか、という点だ。

これを小沢一郎事務所は否定した。

「夫人が個人で購入しその代金も夫人が支払っております」

それでは、家賃を秘書から徴収し、借金の支払いに充てていたのだろうか。再び小沢事務所の回答。

「事務所兼宿舎としても秘書が使用しており、したがって秘書からの家賃徴収もしておりません」

事務所として秘書が使用している――。私はこの言葉に疑問を感じた。

事務所として使用する以上、和子が家を貸すことは政治団体に対する財政的な支援になり、事務所費を徴収していなければ、政治資金規正法で禁止されている無償提供にあたる。事務所費を徴収していない場合、和子による寄付が政治資金収支報告書に記載されていなければ、虚偽記載だ。

一方、和子に事務所費が支払われていた場合、政治団体の資金が妻に流れ込む、政治資金の私的流用といえるのではないか。

事務所に対して再び、「どの政治団体の事務所が入居し、事務所費はいくらなのか」を尋ねたが、回答はなかった。

小沢の元秘書で、秘書邸に居住していた元衆議院議員・樋高剛。彼は'07年11月、小沢が仕掛けた自民党との大連立が失敗に終わったとき、小沢の意をうけて民主党幹事長（当時）・鳩山由紀夫のもとに小沢の代表辞意の意向を伝えに走っている。その樋高は不自然なことに電話口でうろたえた。

――深沢6丁目（秘書邸）に住んでいたのか。

「8年以上前のことですから……」

――その際、家賃は払っていたのか。無料だったのか。

「忘れてしまいました」

――和子夫人の所有だと知っていたか。

「忘れてしまった」

――実態は陸山会の〝出先事務所〟だったのではないか。

「忘れてしまった……。役に立てず申し訳ない」

樋高は秘書邸の存在に触れられることに脅えてでもいるように、ことさらに「忘れた」と繰り返すのだった。

現在、閣僚以外は家族名義の資産の公開を義務付けられていない。神戸学院大学法科大学院の上脇教授はこう指摘する。

「和子夫人の所有である土地と建物が、政治団体の事務所であるのなら、有償か無償か、事務所費は計上されているのか、すべてに説明責任がある」

小沢の金脈はあまりに不透明ではないか。秘書邸はその一端を浮き彫りにした。

借金６億円を12年で完済

小沢の故郷、岩手県水沢市（現・奥州市水沢区）。ＪＲ東北本線の水沢駅から真っ直ぐのびる商店街の大通りにはシャッターを下ろした店舗跡が並び、休日でも人影がまばらな寂れた街だ。孫に手を引かれ、腰の曲がった老婆がゆっくりと歩いていた。

その街の一角に、木造２階建てで四方を朽ちて黒ずんだ板で覆った古びた民家がある。玄関の表札に「小沢一郎」と記されていた。小沢の実家だ（１４９ページ写真）。小沢は父・佐重喜の住む東京・湯島へ転校する中学の途中までこの水沢の家で母・みちと暮らした。家の脇にまわると、2階のガラス窓にはろくなカーテンも引かれず、模造紙のようなものが無造作に貼られていた。表に増築した平屋の一角を秘書の詰める事務所として使用していた。周辺の路地には「国民の生活が第一　あなたの暮らし、あなたの思い。すべて僕にぶつけてください」と謳う小沢のポスターがいたる所に貼られていた。

息も絶え絶えなほどに疲弊した水沢の街を何度となく歩きながら、私には小沢のイメージ・スローガンが空疎に響いてならなかった。小沢は、民主党の代表に3選された'08年9月21日の臨時党大会でこうぶち上げた。

「市場万能、弱肉強食の政治を推し進めてきた結果、日本社会はあらゆる分野で格差が拡大した」

「この不公正な格差を放置し続けると、やがて経済は機能不全に陥り、日本社会は崩壊する」

しかし、この男に格差などと口にする資格がどこにあるのだろうか。富める者と貧しい者の格差を言うなら、小沢こそが故郷の困窮を露ほども顧みることなく、東京に巨額な資産を形成し富める者の頂点に立った政治家ではないか。

小沢は自身が代表を務める政治資金管理団体、陸山会の政治資金で、'94年から東京都内などにマンションを買い漁り始めた。小沢は、これらを政治活動の拠点と称しているが、その所有者はすべて小沢一郎名義なのである。

これに加えて小沢は当時の地価で試算しても、土地代だけで3億円程度の秘書邸を妻・和子名義の〝隠れ資産〟として保有していた。

ところが、小沢夫婦の巨額の資産形成はこれだけではなかった。

岩手県奥州市にある小沢一郎民主党前代表の実家。今は事務所として使われている（撮影・中村將一）

小沢夫妻が住む邸宅は、世田谷区深沢6丁目の高級住宅地にある（151ページ写真）。四方を有刺鉄線を張りめぐらした塀で囲み、庭にはこんもりと繁った樹木が所狭しと植えられている。門の前には24時間警官が待機し、高い塀で中の様子をうかがうことはできない。その総面積は、２６８８㎡（約８１３坪）と広大だ。

この土地の登記簿を見ると、興味深い事実が浮かび上がってくる。小沢は43歳で自治大臣として初入閣した'85年、この敷地の約60％にあたる土地１６１９㎡を購入し、豪邸を建てている。抵当権は設定されていない。つまり小沢は若くしてはやくも東京の一等地に豪邸を持ったのである。

小沢の後援会古参幹部は小沢の豪邸が建った当時、地元建設業者が仕立てたバスで上京したことを覚えていた。

「広い座敷で高級な酒や鮨《すし》がどっさりと振る舞われたなあ。一郎は上機嫌でな。（元首相の）竹下登さんが来ていて、『自治大臣をやった人で総理にならない人はいない』と、一郎をえらく持ちあげていた」

ところが、それだけではなかった。'99年5月、その豪邸に隣接した土地567㎡をこんどは和子が取得していたのだ。当時の地価で約4億5000万円とみられるこの土地に対して、大和銀行（現・りそな銀行）は3億5000万円の抵当権を設定している。和子はその土地に小沢宅とは別棟の2階建ての建物を新築していたのである（'02年に完成）。

つまり、一つの広大な敷地の6割を小沢が所有、残りの半分近くを妻・和子が購入し、別々の邸宅を建てていたのだった。

しかも登記簿によれば、和子が3億5000万円の借金をしたのは'99年5月21日。前述した深沢6丁目の和子名義の秘書邸を建てるために必要だった借金2億3500万円を完済した日の3日後のことだった。

驚くべきことに、この3億5000万円の抵当権は8年後の'07年3月30日に抹消されている。秘書邸と合わせると、計12年で約6億円もの借金を完済し、2つの高額物件を個人資産として手にしていたわけだ。これほどの潤沢な資金力はいったい、どこからくるのか――。

和子夫人は'44年9月11日、建設会社、福田組（新潟市中央区）の現・名誉会長である福田正の長女として生まれた。福田正は元首相・田中角栄の後援会、越山会の大幹部で、角栄が権勢をふるうようになるのと軌を一にして福田組は新潟県を本拠地に急成長する。

　地元の同級生によると、社長令嬢として育った和子の印象は影が薄い。

「昔から成績も優秀でとても真面目。でも目立たなくておとなしかったから、小沢一郎さんと結婚したことは知っていても、ほとんどの人が印象に残っていないみたい」（中学の同級生）

世田谷区深沢にある小沢一郎民主党前代表の自宅。制服警官が厳重に警備している（撮影・西崎進也）

「慎み深い人です。頭が良くて、おとなしい。目立つわけでもないし、政治家の妻になるタイプとは思えなかった」（高校の同級生）

　和子は上智大学を卒業後、’73年10月に角栄の口利きで小沢一郎と見合い結婚をする。

　当時、小沢には〝親密な仲〟の女性がいた。その彼女とは、永田町にかつてあった老舗料亭、「満《ま》ん賀《が》ん」の若女将だった。

「満ん賀ん」の客の大半は政治家だった。なかでも角栄がひいきにしていて、田中派の料亭政治の舞台でもあった。若女将は帳場を任せられていた。背が高く、ほっそりとした痩せ型。勝ち気な性格でもあった。

料亭のオーナーは、小沢と若女将との縁談を角栄に掛け合っていたと私に明かしたことがある。だが、オーナーによると、角栄は、

「いや、一郎だけは困る。オレの立つ瀬がなくなる」

と、この縁談を断ったという。

小沢も「目白のオヤジ」と慕った角栄の言うことには逆らえない。もうひとつ、小沢の母親のみちがこの縁談に反対した。当時の小沢の知人によると、みちはこう言ったという。

「政治家が料亭の娘と一緒になるものじゃありません」

結局、角栄は自らの後援会大幹部である福田組の娘を、〝秘蔵っ子〟としてかわいがっていた小沢一郎に娶《めと》らせた。挙式で角栄は仲人ではなく小沢の父親代わりを務めている。小沢一郎と和子の結婚には、角栄と福田による政略的な影がつきまとっていたのである。

結婚後、小沢は和子を母・みちの住む地元・水沢に住まわせた。小沢は酒席でこう吐露している。

「オレは女房をお袋のもとで飼育しているんだ。お袋は選挙のプロだ。オレは人間をつくっているんだ」

和子は水沢で夫の選挙運動を手伝うことになったが、ここでもその存在感は薄い。後援会幹部

に付き添って選挙区を巡っても、腰をかがめて「小沢を助けて下さい」といんぎんに振る舞うくらいで、本心をのぞかせることはほとんどなかったという。

しかし、ある後援会元幹部は一度だけ和子が感情を露にした場面を見たことがある。

中選挙区制の佐重喜の時代から、小沢の「宿敵」は元自民党副総裁・椎名悦三郎（故人）とその後継者である素夫《もとお》（故人）だった。

選挙の際、地元・水沢で夫を送り出す和子夫人。最近では公の場に姿を現すことは少ない（撮影・堀田喬）

和子は、夫・一郎と議席を争う椎名素夫について、こう口走ったことがあったというのだ。

「(椎名を）とっちめてやる」

椎名悦三郎は戦前、東京帝国大学卒業後、農商務省から商工省に移り、満州国統制課長などを歴任。戦後は元首相の岸信介の誘いで衆議院議員になり、通産相、外相などに就任。

自民党副総裁に就いたのは田中角栄内閣の'72年だが、その角栄は金脈問題で退陣を余儀なくされる。椎名の後継の素夫は知米派で知られた。

結果的に椎名素夫は'90年の衆院選で落選し、その後、参議院議員に転出した。

この転出には陰で蠢《うごめ》いた人物がいた。岩手県建設産業政治連盟会長で、東北でも大手建設会社で知られる高弥《たかや》建設社長（当時）の望月茂である。私は望月を'08年11月8日と9日の2度、盛岡市近郊の北上川沿いの自宅に訪ねた。杖をつきながらあらわれた望月の眼光は老いていなかった。望月はこう述懐した。

「椎名（素夫）と話をした。『（小沢と）同じ場所で争っても仕方がないじゃないか。水沢戦争はやめて、垣根を取り払うべきじゃないか』とな。じっさいに小沢の名声のほうが高かった。どちらかを選ぶしかなかった」

椎名の転出に伴って、小沢の選挙は無風状態になった。これを機に小沢は、和子と水沢で育てられた3人の男の子を世田谷区深沢の豪邸に引き上げたのだった。

和子を間近で見た後援会元幹部によると、じっさいの彼女は感情の起伏の激しい女性だという。彼女は秘書らの立ち居振る舞いに目を光らす役目を担っているらしく、秘書をこう叱りつける場合があった。

「あの子は、いつもあんな電話の応対しかできないのか。何を、とんちんかんなことを言っているのよ」

選挙区で営まれた葬儀のときだった。遅れて着いた和子は、静まりかえった会場にもかかわらず声高に、「私はどこに座ればいいんですか」と口走る姿があった。

かつて小沢の選挙になると、和子が東京から代理で来ることがあった。後援会はそれに合わせて遊説日程を組むのだが、彼女の意に添わない日程のときもあった。そのとき、彼女は後援会員らを前にこう不平を露にしたという。

「選挙運動はそんなものじゃないでしょ。東京に帰ったらこのことは、ちゃんと小沢に言いますからね」

陸山会と福田組の関係

小沢は'93年に自民党を離党し、新生党を始め数多くの新党を立ち上げては潰し、「壊し屋」と呼ばれながらも政局のキーマンになっていく。

政界で存在感を誇示する一方で、小沢夫婦は数億円規模で巨額資産を蓄財していった。この資産形成の一端を中堅ゼネコンの福田組が陰で支えていたのではないか。

そもそも小沢の政治活動を辿《たど》ると、当初から妻の実家、福田組とは切っても切れない深い関係にあった。

小沢の政治資金管理団体、陸山会の「政治団体設立届」によると、同団体は'76年2月、千代田区平河町のビルの一室に事務所を設置している。この一室には福田組のグループ企業として'76年

9月に設立された、防災工業も入居する。

防災工業の業務は河川、護岸など公共事業などに利用されるコンクリートブロックのリース業が主で、主要取引先はゼネコン。代表は設立から二代にわたり旧建設省出身者が占めていた。

つまり、陸山会と防災工業の事務所は同居していたわけだ。しかも、登記簿によるとその部屋の所有者は和子である。さらに、防災工業には当時、小沢の秘書だった佐藤哲雄が取締役に名を連ねていた。

小沢一郎と陸山会、福田組とそのグループ企業である防災工業、そして和子をつなぐ接点がここにあった。

陸山会と防災工業の関係はその後も続く。防災工業は設立から5年経った'81年9月、前述のビルから通りを一本隔てたビルの一室に移転するが、軌を一にして陸山会も同じ部屋に居を移す。陸山会と防災工業の同居状態は陸山会が'91年、永田町の高級マンションに事務所を移転するまで続いた。

現在でも小沢夫妻と防災工業の密接な関係は続いている。和子は同社の筆頭株主で、小沢一郎自身も同社の顧問だ。

小沢と福田組の関係はそれだけではない。妻の和子は今でも福田組の多数のグループ企業で監査役を務めている。

わかっただけでも新潟市に本社を置く、土木工事業の「興和」、道路・舗装工事業の「レックス」、建設用仮設材リース業の「北日本建材リース」、建設用機械リース業の「重機リース」の４社の監査役に就いている（なお、小沢は北日本建材リースと重機リースの顧問も務めている）。だいたい社長令嬢として育った和子が複数の会社の監査役を務めるほど、経営に長《た》けている人物なのだろうか。地元・新潟で聞いて回ったが、関係者の口は一様に重かった。

「役員会でも和子夫人をお見かけしていませんし、私にはよくわかりません。和子夫人はお忙しいので、ほとんど会社には来ません。詳しい人柄もわからない」（和子が監査役を務めるグループ企業役員）

「和子さんとは何度も会ったことがあるが、（総選挙を控えた）このタイミングでコメントはできない」（別のグループ企業役員）

　前述したとおり、和子は'04年分まで発表されていた高額納税者名簿の常連だった。毎年二千数百万円程度の所得税を納め、その納税額から年間６０００万～７０００万円もの収入があると推測できる。収入の大半は福田組のグループ企業からの役員報酬と、和子が持つ株式の配当収入だろう。しかし、和子が監査役を務めている福田組グループ企業の取締役はこう語った。

「（和子夫人が）新潟に来られた時には、（福田組本社の）本部に顔を出すのでしょうけど、私たちのような系列子会社に顔を出すことはありません。和子さんは忙しいですから。監査役といってもほとんど名前だけのようなもの。実際に監査するのは福田組本部の社員です。和子さんは、そこでまとめた資料を見てハンコを押すだけです」

つまり、勤務実態がないに等しいというのだ。にもかかわらず多額の報酬が支払われているなら、これは和子を介した福田組グループから小沢一郎への実質的な献金といえるのではないか。和子の勤務実態と役員報酬について、グループ企業の興和、レックス、北日本建材リースに質問したところ、「取材には答えられない」との回答が寄せられただけだった。

福田組は数多くの公共工事を受注する企業だ。公共工事に使われるのは国民の血税である。そのグループ企業と同一の場所に事務所を構えたり、妻名義で莫大な資産を保有したりと、小沢夫妻の金脈はあまりに不透明なブラックボックスの部分が少なくない。

資産公開されない2つの別荘

東京の都心部から車で約2時間半。「東京湾アクアライン」をくぐり、房総半島の山道を抜けたところに東急リゾートタウン勝浦《かつうら》がある。敷地内にはゴルフコースやタワーホテル、コテージなどが揃う風光明媚《ふうこうめいび》なリゾート施設だ。

そのなかでも古くから開発された別荘地の一区画に、白い壁で覆われた瀟洒な2階建ての別荘があった（左ページ写真）。玄関前の表札に「小沢」と記されたこの別荘の所有者もまた、小沢の妻・和子である。

登記簿によると、別荘は木造2階建て、延べ床面積は64・58㎡で、敷地面積は159・49㎡。和子が'80年4月に購入し、1200万円の抵当権が設定されたが、'92年1月に抵当権は抹消されている。

この別荘は2棟が連なった形で、その半分が小沢夫妻の所有のようだ。張り出したウッドテラスや、玄関に置かれた観葉植物の様子から、現在も手入れが行き届いているように見える。同じ敷地内に別荘を所有する男性は、こう言う。

「ここに小沢さんの別荘があるという噂は聞いたことがあります。じっさいに姿を見たことはないですが、間違いないと思いますよ。2階の雨戸が開いているところを見ると、最近も誰かが来たようですね」

千葉県勝浦市にある「小沢和子」名義の別荘（撮影・中村將一）

じつは、小沢の公開している資産等報告書（'05年9月1日）に、この別荘は記載されていない。資産として公開されているのは、このリゾートタウン内にある勝浦東急ゴルフコースの会員権だけだ。なぜ別荘が公開されないでいるか。その理由はただ一つ、それが和子の名義になっているからに他ならない。

それだけではない。勝浦の別荘購入から1年後、和子の名義で購入された別荘がもう一つある。

長野県茅野市《ちのし》八ヶ岳《やつがたけ》の麓に広がる蓼科《たてしな》高原は避暑地として知られる。その一角に東急不動産が開発・分譲する東急リゾートタウン蓼科がある。

管理担当者によると、このリゾートタウンの開発面積は約200万坪で、広大な敷地にマンションを含めて約2400戸の別荘が点在しているという。敷地内にはコテージや洋館風など意匠を凝らした建物が並んでいる。そのなかに、ひときわ古めかしい高床式の別荘を発見した（左ページ写真）。

表札は見当たらない。だが登記簿によれば、木造平屋建てで床面積67・07㎡のこの建物も、和子が'81年7月に取得した別荘だ。

小沢の資産等報告書には、勝浦と同じように、このリゾートタウン内の蓼科東急ゴルフコースの会員権の所有は記載されている。だが、和子名義のこの別荘については公開されていない。

資産公開制度が始まったのは'84年1月、第2次中曽根康弘内閣からで、当初は首相と閣僚の資産だけが対象だった。'89年6月発足の宇野宗佑内閣のときに、対象は閣僚の配偶者や扶養する子供の資産にまで拡大。'92年から国会議員の個人資産も公開されることになった。

閣僚でさえなければ、家族の資産を公開しなくて済む。民主党の実力者であっても、小沢の場合、和子名義の資産は公開しなくとも咎《とが》められないわけだ。

ただし、小沢は閣僚の資産公開が始まっていた'85年、43歳にして中曽根内閣で自治大臣に就いている。東京都世田谷区深沢の高級住宅地に無借金で１６１９㎡もの土地を取得したのは、この時期だ。が、この時は前述のように公開の資産は閣僚本人のものに限られていたため、和子名義の2つの別荘は表に現れなかったのである。

長野県茅野市の蓼科高原にある「小沢和子」名義の別荘（撮影・片野茂樹）

小沢は当時、自身の資産についてこう述べていた。

「自分の資産には関心が持てなかったなあ。あまり豊かとは言えない岩手の出身だから。亡父（小沢佐重喜）が東京・湯島に持っていた家を売って世田谷に土地を買った。年内には家を建てて、田舎の母（小沢みち）を呼んでやる。これが唯一、最高の資産だな」（'86年2月1日付、日本経済新聞）

この発言は欺瞞《ぎまん》ではないか。その実、小沢は和子名義の別荘をすでに2軒も所有していたのである。

神戸学院大学法科大学院の上脇教授はこう指摘する。

「妻の財産といっても、実質的には夫と共有しているのが一般的でしょう。にもかかわらず、現状では閣僚にならない限り、配偶者の資産は公開されない。これでは、資産隠しが容易にできるし、国会議員がどのように資産形成をしているのかわからない。

地方では厳しい政治倫理条例を設け、議員本人はもちろん、配偶者や同居親族の資産公開を義務づけている自治体もあります。国会議員も当然、配偶者の資産公開を義務づけるべきです」

蓼科に別荘を購入した'81年、和子はさらなる資産を取得していた。小沢の故郷、岩手県水沢市にある2階建ての建物だ。

後援会幹部らが後に「小沢会館」と呼ぶことになるこの建物は、もともとは衣料品の縫製工場だった。

登記簿によると'81年1月に和子が売買により取得。取得にあたって、岩手銀行が和子と小沢一郎を連帯債務者として4200万円の抵当権を設定している。3年後の'84年11月に抵当権は抹消。借金は弁済したと見られる。

そして15年後の'99年11月、こんどは小沢が自身の政治資金管理団体・陸山会のカネで和子から購入していたのだった。取得金額は、和子の取得時と同じ4200万円。これにより、この建物の名義は「小沢一郎」になった。数ある「小沢一郎」名義の不動産のなかでも、身内から購入したのはこのケース一件だけである。

しかも、和子が'81年に４２００万円で取得した物件を18年後、こんどは陸山会が同じ金額で取得するというのは常識的にありえない。18年も経てば老朽化は避けられず、当然不動産価格は下落する。じっさいに２階建ての建物は古色蒼然《こしょくそうぜん》としていた。仮に高めに見積もって取得時の３分の２の価格として２８００万円だ。残り１４００万円は和子の懐に入ったことになる。小沢は政治団体のカネで和子名義の不動産を自分名義に書き換え、政治団体の所有物だと主張しているわけだ。こんなことが、まかり通っていいのだろうか。

小沢は'89年に47歳にして自民党幹事長という権力の座にのぼりつめた。その陰で小沢夫婦は和子の名義で別荘など不動産を着実に蓄え、一方で'94年から小沢は陸山会の政治資金で大量の高級マンションなどの不動産を購入している。小沢の不動産取得への執着は、すさまじいとしかいいようがない。

第5章　電波利権の闇

地元テレビ局をめぐる「架空株主」疑惑

「小沢（一郎）事務所から『（岩手めんこいテレビの）株主になってほしい』という依頼があった。株主といっても名前だけだ。小沢の秘書が書類を用意していて、名前を書くぐらいだった。カネを出したわけでもないので、私がどれだけの株を持っていることになっていたのかを教えてもらったことはないし、株主総会に出たこともない。何度同じことを聞かれても、私は株のことは知らないとしか答えようがない」

小沢の故郷・岩手県水沢市の郊外で会った地元建設会社の社長は私の目を見据え、言葉を選びながらこう口を開いた。秋の深まる'08年10月12日のことだった。

「小沢事務所」とは水沢にある小沢一郎の実家に置かれた地元事務所のことだ。その事務所に詰めていた小沢の秘書らは、岩手県盛岡市に本社を置く地方テレビ局「株式会社岩手めんこいテレビ」（内海幸司《うつみたかし》社長。以下、めんこいテレビ）の「架空株主」を仕立て上げるため、複数の人間に「名義貸し」を依頼したという。

小沢事務所が主導して名義を借りたと思われる株式の総数は1万5000株、額面にして7億5000万円にのぼる。そんなに大量の株式の名義を借りて、小沢事務所はいったい何をやっていたのか——。

フジテレビ系列のめんこいテレビが岩手県内で３番目のテレビ局として設立されたのは、’90年４月のことだった。その前年の８月、47歳にして自民党幹事長に就いた小沢一郎は永田町でも地元・水沢でも権勢をほしいままにしていた。地元のテレビ局、めんこいテレビの設立も小沢の存在抜きには語れない。

その小沢の政治力を象徴したのが、同社の本社所在地が一時期とはいえ、岩手県第一の都市である盛岡市ではなく、小沢の故郷・水沢に置かれたことだろう。

小沢一郎民主党前代表が設立に尽力した「岩手めんこいテレビ」。開設当時、本社は水沢にあった

当時、岩手にはＴＢＳ系と日本テレビ系のローカル局がすでにあった。だが、３番目の地元テレビ局の開設を狙って、フジサンケイグループとテレビ朝日グループが熾烈《しれつ》な競争を繰り広げていた。

一方、水沢では商工会議所が中心になって、第３のテレビ局を水沢に誘致するため、地元選出の政治家や当時放送局を管轄していた郵政省（現・総務省）に陳情を繰り返していた。

郵政省は’89年１月、岩手県の３局目をフジテレビ系、

4局目をテレビ朝日系とした「郵政裁定」を下す。しかし、フジテレビは盛岡ではなく水沢に本社と演奏所《えんそうじょ》（番組制作と送出機能を持つ施設）双方を設置することに難色を示した。そこでその調整に乗り出したのが、地元側から白紙委任状を預かった小沢だった。

'89年10月、小沢はフジテレビの日枝久社長（当時、現・会長。71歳）と会談。当時の地元紙、胆江日日新聞（'89年10月29日付）によると、小沢はフジ側に水沢への「番組制作機能を持つ本社設置」を強力に要請したという。結局、フジテレビはめんこいテレビの本社を水沢に設置し、盛岡市には業務センターを置くことで落ち着く。

'90年4月、めんこいテレビの設立総会が水沢で開かれた。ところが、その直後から実質的な本社機能は盛岡市に置かれ、'95年6月には本社が水沢から撤退。水沢には営業所が残されただけだった。ある奥州市議は'08年10月14日、奥州市役所近くの事務所でこう述懐した。

「（本社の水沢撤退は）最初から仕組まれた話だと思う。小沢の顔を立てるために水沢に本社を置いて、すぐに盛岡に移すという話が当初からできていたのではないか。だから地元の人は怒ったし、小沢に騙されたと思っている人は少なくない」

小沢がその存在感を発揮したのは、水沢へのテレビ局誘致だけではなかった。前述のとおり、小沢事務所はめんこいテレビ設立の陰で不可解な「名義借り」に駆け回り、同社の「架空株主」を大量に生み出した疑惑があるのだ。

めんこいテレビの法人登記簿によると、設立時の資本金は25億円で発行株式の総数は５万株。一株の額面金額は５万円だ。

問題は株主である。

私の手元に一通の文書がある。'96年６月24日、めんこいテレビの第６回株主総会に提出された第６期（'96年３月期）の営業報告書だ。それによると、'96年３月31日当時の「株主数」は54名。次いで「大株主」の欄に１５００株、比率にして３％の株式を所有する13名の個人株主の名前が列挙されている。

その個人株主のなかで住所が小沢の選挙区（岩手４区）を中心とした県南に置かれている個人は10名（株式比率計30％）。彼らはそれぞれ額面５万円の株を１５００株保有しているとされ、一人当たりの持ち株の金額は７５００万円にものぼる。その総額は７億５０００万円である。

'89年、日枝久氏はフジテレビの社長として自民党幹事長を務めていた小沢氏と会談を行った（写真・時事通信社）

「名義を貸した」と明確に証言

その10名に株の取得や保有状況について現地で取材を始めたのは、'08年10月初めからだった。

その大半はめんこいテレビの設立当時、小沢後援会の幹部で、今でも小沢の地盤の名士として知られる。冒頭の建設会社社長は、なかば驚きの表情を隠さずこう語った。

「こちらは最初から『名義貸し』だと思っていた。最初の株主依頼の話から1年くらいで、小沢事務所から『株主（の名義）は変更するので』と言われた記憶はある。もう本当に（名義は）消滅したと思っていた」

なぜ小沢事務所がめんこいテレビの株主に第三者の名義を借りようとしたのか、私は重ねて尋ねた。

「誰だって小沢サイドが（めんこいテレビの）株の権利を持っていると思うだろう。小沢は『（フジテレビを水沢に）必ず持ってくる』と言い切っていたから応援しようと思ったが、いまにすれば地元のためだけでなく、裏で自分の利益になることを何かやっていたんだろう。だいたい（『名義貸し』を）軽々に口外するような人は依頼の対象から外していたのではないか」

この建設会社社長は名義を貸しただけで、株は持っていなかったと断言した。しかし、めんこいテレビの営業報告書には1500株の株主として名前が載っていた。

水沢で老舗の小売会社社長と最初に会ったのは、'08年10月5日のことだった。彼も'96年3月31

日当時、１５００株の保有者として名前が挙がっていた。何度となく街中にある自宅を訪ねた。だが、いつも淡々と——

「私は株主になっていません。『出資してくれ』という小沢事務所からの依頼の時点で、金額が大きすぎるから下りました。もう最初の段階です。だから当然、株主総会の案内なども来ていない。だって（出資金を）出していませんから。（名義貸しの依頼は）私にはないです」

この社長もまた「架空株主」で、ここにも小沢事務所が絡んでいたわけだ。

岩手県南の沿岸部・陸前高田市にある老舗の建設会社。10月5日、ＪＲ水沢駅から東北本線に乗り15分ほどで一ノ関駅に着く。そこからバスに乗り、なだらかな山々と集落をくぐりぬけ約2時間かかった。

山間の自宅を訪ねると、個人株主の一覧に載っていた創業者はすでに他界していた。遺族である現代表に話を聞いたが、めんこいテレビの株式の話を持ち出しても、怪訝《けげん》な表情で「（創業者から）聞いた記憶はない。相続（の遺産）にもなかった……」と繰り返すだけだった。しかし、この創業者も１５００株、７５００万円相当の株を保有する株主に名を連ねている。遺族がその株の行き先を知らないとは、いったいどういうことなのか。

同じく沿岸部、大船渡市で港湾運送業を営む橋爪幸平は小沢と昵懇《じっこん》で、小沢後援会の重鎮だ。橋爪は「めんこいテレビ」の元取締役で、同氏もまた１５００株の株式を保有すると'96年の営業報告書に登場している。だが、株主については自ら「名前だけだった」と語った。10月11日の早朝、自宅前で会った。

——橋爪さんは、めんこいテレビの株主だったのか。

「5年くらい前までかな」

——開局当初からの株主だったのか。

「(株主に) なっていましたけど、名前だけの株主で」

——誰から株主になるように誘われたのか。

「それは (話さなくて) いいでしょう」

——名義貸しというのは他にもいるのか。

「それはわからない」

——配当は。

「それは私の配当じゃねえんだな (笑)」

——株主をやめたということは、名義を貸すのをやめたということか。

「ということになりますね」

——株を売ったとか、そういうことではないですね。

「多分そうだな。(めんこいテレビ本社のある) 盛岡に通うのも億劫《おっくう》になってきたから辞めますというこどで」

——最初に「名前を貸してくれ」と言われたのは「めんこいテレビ」の設立前か。

「どういう経過かはわからないが、名前を貸してくれということで」

橋爪は誰から「名義貸し」を依頼されたのかについて、ひたすら伏せようとした。ただ、自身が1500株を実際に持っていなかったことは、明確に認めたのだ。

北上市で浄化槽保守点検業を営む会社社長も古くから小沢と昵懇の間柄で、1500株の株主として名前が挙がっていた。10月13日、水沢から国道を車で約30分かけて着いた郊外の自宅を訪ねた。彼も小沢事務所から「名義貸し」を依頼されただけだという。

——社長は、めんこいテレビの設立当初から株主だったのか。

「めんこいテレビ（の株主）は私は名前を貸しただけです」

——小沢さんとは親しいのか。

「昔から行き来している。会えば話をするし、自民党幹事長の頃は幹事長室に行ったこともある」

——その小沢さんが出資者を集めたと。

「そういうことかなあ」

——社長は出資しなかったのですね。

「誰かがしたんだろうけど。私の名前使ってやったんじゃないの」

――当然、配当などは。

「一切、ない」

――そんなことでいいのか。

「いいんじゃない。事情はわからないけど、ただ『名前借りるからな』って」

――それは誰に言われたのか。

「秘書のほうから、小沢の」

――めんこいテレビの個人株主の配分は小沢さんが決めたのか。

「それはわからない。私は『名前を貸してくれ』と言われたんで。（実際の出資金は）誰かが出したはずですよ、小沢じゃなく。で、最後はその人（本当の出資者）が株主になったんじゃないか」

一関市で大手建設会社を経営し、親子2代にわたり小沢の後援会幹部を務めた岩手県議、佐々木一榮《いちえい》。彼もまた'96年に1500株の株主に名を連ねていたが10月14日、県議会2階のロビーで会った佐々木は1500株の保有を否定した。

――めんこいテレビの株主になったという認識はあるのか。

「あります。設立総会のようなことが、水沢グランドホテルでありまして」

――額面5万円だが、どのくらい出資したのか。1500株という資料もある。

「それは間違っていますよ。100万円か、200万円くらいです」

――その株を手放した時期は記憶にあるか。

「開局してすぐ黒字じゃないですから、買った額面と同じくらいで売却したと思う。(開局から)1年か、3年か。('95年6月、本社が盛岡に)移った時には手放していました」

――小沢事務所から出資の依頼はあったのか。

「(小沢事務所から)『(テレビ局の設立)事務局が訪問すると思うので、話だけは聞いてくれ』と」

――で、事務局の人に出資を依頼された。

「そうです」

せいぜい200万円(40株相当)の株主が、なぜ総額7500万円、1500株もの株主になるのか。小沢事務所の主導のもと、あまりに不透明な株のやり取りが地元テレビ局を舞台に行われていたのだ。

「所有者不明」の株式はどこへ?

小沢の小学校の同級生で、JR水沢駅の裏手にあたる西口で代々、病院を経営する医師も個人株主として名前が登場する。だが、10月12日、玄関先に出てきた彼は私の前でうろたえながらも1500株の保有は否定。むしろ、小沢への気遣いを見せるのだった。

「めんこいテレビの株は、いまは持っていません。それに、1500株の保有は（金銭的に）無理です」

——小沢事務所から出資の話があったのか。

「だいぶ昔のことですから。一郎ちゃんのことがやっぱり……、もうノーコメントで」

——小沢さんのほうから持ってくれないかということだったか。

「はい、そんなことではなかったかと思います」

小沢の前後援会長など、10名のうち残る3名は「不在」などを理由に取材に応じなかった。

10名の「小沢系」の株主のうち、5名は「名義貸し」を認め、2名は株の取得こそ認めたものの、1500株もの保有は否定したという事実は重大だ。彼らのほとんどは、小沢事務所から「名義貸し」の依頼があって株主になっただけの「架空株主」にすぎない。ではなぜ小沢事務所は「架空株主」をつくることを主導したのか。そこに小沢サイドとフジテレビ、めんこいテレビの間に何らかの「合議」はあったのか。各所に質問したところ、フジテレビは、

「めんこいテレビ設立時に（マスメディアの集中排除原則である）20％規制に抵触しない範囲で株を取得しております」

と回答。だが、私が入手した第1回と第6回の総会で配られた営業報告書には、大株主としてフジテレビの名前が記載されていない。同社の説明は不可解である。

めんこいテレビはこう答えた。

「当社の株式は設立当時、払い込みのあった出資者に対して適切に発行されております。株券の受け渡しなど当時の詳細な事務手続きにつきましては、既に18年も経過しており現状では把握するのが困難です」

この回答もまた、名義だけの株主が出資していない旨を明言している事実と食い違っている。

神戸学院大学法科大学院の上脇教授はこう指摘する。

「公共性の極めて高いテレビ局の開設に関わったのであれば、小沢事務所が名義貸しを依頼した株式の出資金はどこから出たのか、どういう経緯で名義貸しを頼んだのか、一連の過程を説明すべきでしょう」

しかし、小沢事務所は、「ご指摘のような事実はない」と回答するのみだった。

小沢事務所の秘書が「名義貸し」を働きかけたと複数人が告白しているにもかかわらず、である。小沢は時の幹事長である自身が株式の「名義貸し」に手を染めることがどういうことなのか、まったく認識していなかったのか。

少なくとも7名で総額5億2500万円もの「所有者不明」の株式はどこに行ったのか。そもそもどのようにして取得のカネが出たのか。そして、株を処分した巨額なカネはどこへ行ったのか。疑惑は湧いてくるばかりなのである。

「小沢先生」を囲む会

「自民党幹事長当時の小沢（一郎）は、テレビ局を管轄する郵政省（現・総務省）に顔の利く実力政治家だった。その小沢の政治力があって地方局を開局できた以上、小沢への見返りとして、その局の株式の配分でも小沢の了解と指示を得なければならない。小沢抜きで勝手に決めることは到底、できるはずがない。いずれにしても、民放のキー局を系列に持つ新聞社にとって、実力政治家の介入で地方局を開局したことは、決して触れられたくないタブーだ」

ある新聞社の幹部は'08年10月22日、都内のレストランで私にこう語った。

小沢が自民党の幹事長時代に牛耳り、当時の管轄省庁である郵政省やメディアも一体となった電波利権の闇はあまりに深い。ジャーナリズムを標榜する新聞社にとってすらタブーであり、これまでその全体像が明らかになることはほとんどなかった。

しかし、私は小沢をめぐる政と官の癒着を示す証拠を手に入れた。

手元に郵政官僚が自ら作成した名簿がある。題して「一の会名簿」。そこには当時の郵政省の事業の根幹を成す電気通信、放送行政や郵便、貯金、保険事業などの実権を握った各課の幹部ら

18名が名前を連ねていた。

「一の会」は、実は小沢一郎の名前からひと文字をとった郵政官僚のグループだ。「一」の文字を使うことについて、事前にメンバーの一人が東京の小沢事務所に、「小沢先生の名前をいただいてもいいでしょうか……」と了承を求めたという。霞が関の高級官僚が群れをなして政権政党の幹事長の名前にあやかる会をつくり、自ら関係を求めていくとは信じがたく、あまりに露骨な癒着関係だ。

名簿には会の「世話役」として官房総務審議官・五十嵐三津雄《みつお》、通信政策局次長・江川晃正《あきまさ》、電気通信局電気通信事業部長・木村強《つよし》の3名が入っていた（肩書は当時）。当時の郵政省の実権を握るメンバーだ。

なかでも五十嵐は、'96年7月に郵政事務次官にのぼりつめた実力者だ。'98年に退官し、KDDI（東京都千代田区）の会長を経た現在でも、総務省の旧郵政省人脈には隠然たる影響力を持っているという。五十嵐は小沢との仲を周囲に誇示するかのようにこう漏らしていたという。

「ほら、みろ。オレの言うとおりになってきたじゃないか。小沢は必ず這いあがってくると言っただろう。小沢についていかないと、（省内で）苦しくなるぞ」

その五十嵐が官房総務審議官の任にあったのは'90年6月からの2年間。この名簿はその時期に作られたものと容易に想像がつく。小沢が自民党幹事長の任に就くのは'89年8月からだ。

岩手県で第3局をフジテレビ系にすると決めた郵政省が、めんこいテレビに周波数「第33チャンネル」の予備免許を与えたのは、'89年12月。翌'90年4月、設立総会が水沢市で開かれ、めんこいテレビは'91年4月に開局した。

ちょうど、その時期に「一の会」は作られ、小沢との関係を深めていたのだ。しかも、小沢事務所が主導して、めんこいテレビの株主として岩手県南の複数の有力者に「名義貸し」を依頼した時期でもあった。

「一の会」が作られる以前から、小沢と郵政官僚は親しかったという。『電波利権』(新潮新書)の著書もある、上武《じょうぶ》大学大学院の池田信夫教授がこう語る。

「小沢は自民党にいた時は次期首相候補として権限を持っていたから、'80年代半ばから各省庁にシンパがいた。郵政省でもそういう幹部がいたはずだ」

「一の会」の会合として、「勉強会」と称した酒宴が年に4回ほど催されていた。手元にある郵政官僚の作成した「席図」では、官僚らしく丁寧にも「小沢先生」を囲んだ席順まで決められていた。

会合には都内の高級料亭が使われた。郵政官僚らは喜色満面の小沢に酌をし、小沢との関係が近くなることで悦に入っていた様子だった。ただ、郵政省の予算など重要事項は酒宴の場には持ち出さず、小沢と五十嵐の「個別会談」に持ち込まれたという。

私はある疑念を抱いた。小沢は「一の会」に代表される郵政官僚との繋がりを背景に地元・水沢でのテレビ開局の免許を取り付け、その見返りとしてめんこいテレビの株式の支配権を手にしたのではないか。そして、それを覆い隠すために多くの「架空株主」を必要としたのではないか。後ろ楯となったのは小沢を囲む郵政官僚らの「一の会」だったのではないか。つまり郵政省の実権を握る彼らは、めんこいテレビの株の配分はいうまでもなく、小沢が仕立てあげた「架空株主」を知っていたのではないか。

角栄が作った「電波利権」

そもそも電波利権に先鞭をつけたのは田中角栄だった。角栄は'57年7月、39歳という若さで郵政大臣に就任。そのわずか3ヵ月後の同年10月、放送免許を申請していた34の地方局に一括して予備免許を下ろした。当時の様子を田中自身が赤裸々に記している。

〈各申請者には十五分か二十分ずつ折衝に当たった。

「申請者はたくさんおられるが、みなさん一緒になって新会社をつくって欲しい。新会社の代表者は―申請代表の某氏とする。A申請人の持ち株は―％　B申請人は―％、C申請人は―％とする。AとBからは代表権を持つ取締役各一名、CとDは取締役各一名、E代表は監査役一名」という形式で懇談というより郵政大臣の申し渡しである〉（『歴代郵政大臣回顧録　第三巻』逓信研

究会)

つまり、郵政大臣として圧倒的な権限をもって、地元テレビ局の申請者を一本化し、その株の配分まで決めたわけだ。

その角栄の〝秘蔵っ子〟が小沢だ。小沢は「一の会」に象徴されるように、郵政省に隠然たる力を持つ角栄以来の最後の実力政治家だった。電波利権とは開局の見返りとしてのカネや株の提供、新聞社・テレビ局というメディアへの支配力を握ることをいう。メディアにとっても政治家の威を借りて系列局が開設できるのだから、願ってもない仕組みなのである。

前出の池田教授は言う。

「地方局の開設に際して、免許申請者の一本化工作をする場合は、絞り込む段階で政治家が調整する。ぶっちゃけて言えば、政治家にたくさんカネを渡した社が残るということになる。小沢氏のケースも、そうした社が実は小沢氏のスポンサーである可能性は高い。こうした手法は田中角栄が作ったものだが、彼は明快にカネをたくさん積んだところから免許を出していたという。田中の基準は一本化した県から免許を出すというもので、一番カネを出すところに一本化するというものだった。

めんこいテレビについては、小沢氏と近しい会社が実質はほとんどの株を所有し、(メディアの集中を禁止した)集中排除原則をかいくぐるためにダミー株主を作ったという疑いも考えられる。特定の政治家との繋がりという意味では、郵政省の場合はやはり田中角栄と小沢一郎が強い」

小沢事務所の仕立てた「架空株主」。その株式のために巨額のカネを拠出したスポンサーはいったい誰なのか。小沢は自身に降りかかった電波利権の疑惑について、口を拭いつづけることで闇に葬ったつもりでいるのか。

「波取り記者」の暗躍

標高約2000mの岩手山の頂上付近は、すでに雪ですっぽり包まれていた。その頂《いただ》きを見上げるJR盛岡駅の西口に、電波塔を備えた3階建ての灰色のビルがある。「岩手朝日テレビ」の本社ビルだ。

テレビ朝日系列の岩手朝日テレビが岩手県に4番目のテレビ局として開設されたのは、'95年7月のことだった。TBS系列のIBC岩手放送と日本テレビ系列のテレビ岩手に続き、'90年4月にフジテレビ系列のめんこいテレビがすでに開設されていた。

大きく遅れをとった形の岩手朝日テレビだが、3番目のテレビ局開設を巡って、朝日新聞社とテレビ朝日の「朝日」グループが、水面下でフジサンケイグループと熾烈な競争を繰り広げていたことはすでに述べた。

私は、小沢が郵政官僚との繋がりを背景に、フジテレビの地元テレビ局開設の免許を取り付け、その見返りにめんこいテレビの株式の支配権を手に入れたのではないかという疑念を抱いた。ところが、問題はそれだけにとどまらなかった。ジャーナリズムを標榜する朝日新聞社も岩手朝日テレビ開設をめぐり、小沢の「電波利権」に弄ばれていたのだった——。

フジテレビは岩手県でのテレビ局開設にあたり、小沢に調整を依頼した。一方テレビ朝日は、中選挙区時代からの小沢の「宿敵」である、元自民党副総裁・椎名悦三郎の次男・椎名素夫元参議院議員（故人）の政治力に期待していた。第3局の開設は「小沢派」と「椎名派」の代理戦争の様相を呈していたのである。

しかし、電波事業の許認可が絡んだ「電波利権」は元首相・田中角栄が築き、後に派閥・経世会が引き継いだ金城湯池だ。角栄の〝秘蔵っ子〟小沢を味方に付けたフジテレビが3局目を射止めるのは、ある意味、必然だったのかもしれない。

問題はここからだ。フジテレビに先を越されたテレビ朝日は、岩手進出のために何をしたのか。

私の手元にその経緯を綴った一冊の本がある。タイトルは『マスメディアの過保護を斬る！政官と握った男たち』（アルフ出版）、筆者は山下隆一。

山下は朝日新聞社で政治記者などを務めた後、’86年4月、系列のテレビ局作りを進めるラジオ・テレビ本部に配属され、東北地方を担当。テレビ・新聞業界でいう「波取り」、つまり、地方テレビ局開局のために郵政省から電波割り当ての許認可を取ってくる役割を担ったのだ（現在は退職している）。

前述したように、'89年1月の「郵政裁定」で岩手の4局目はテレビ朝日系にすることが決まった。同書によると郵政省はテレビ朝日にこう告げたという。

「第三局の予備免許を付与した後、可及的速やかに4波の周波数を割り当てる」

ところが、'91年4月に3局目のめんこいテレビが開局した後も、郵政省は朝日グループに4局目の電波を付与しようとしなかったという。山下はそのときの状況を同書でこう記している。

〈岩手の第四局はさらに難航した。フジ系列のめんこいテレビが開局した'91年4月になっても、郵政当局は動かず、「予備免許付与後、可及的速やかに」という約束はどこへやら、先へ先へと送られた。

確かに、岩手県は経済的に大きな存在ではない。三番手で開局した、めんこいテレビにしてみれば、先行二社を追いかけ、経営が軌道に乗るまでは、新たなライバルの登場は遅れれば遅れるだけ望ましかった。

地元後援者を送り込んで第三局を作り上げた小沢代議士は、この時期、自民党内で竹下派の大幹部、竹下内閣から海部政権を通じて「金竹小」（金丸、竹下、小沢）と呼ばれ、辣腕ぶりで鳴らしていた。息のかかるめんこいテレビ社長からは、四局目を遅らせるよう運動があった、と地元では噂された。朝日側の分析でも、どうやら、小沢工作無しにはにっちもさっちも動きそうになかった〉

焦った朝日グループは、椎名から当時、経世会の会長代行として自民党を仕切っていた小沢に接近していく。

〈テレビ朝日では田代社長が死去し、後任となった桑田弘一郎社長がやきもきしていた。朝日新聞社で政治記者として鳴らした一人だった。岩手に系列テレビ局を置くことは、最優先課題だった。小沢代議士に懇談を申し入れ、打開を図ろうとしてみたが、

「テレビ朝日とは会う気がない。朝日新聞だったら、言いたいことがある」

木で鼻をくくったような返事しか返って来なかった〉

テレビ朝日が朝日新聞政治部出身の社長を通じて小沢に懇談《こんだん》を申し入れ、地元テレビ局の開局を頼み込む。これは、小沢が郵政省の許認可に対して圧力をかけられる実力者と判断したからに他ならないだろう。これでは政治家・小沢に対して、自ら一方的な借りを作ろうとしたと言われても仕方がないではないか。

小沢にひれ伏した大手新聞社

そんななか、朝日新聞は'92年8月22日付で「『金丸氏側に5億円』と供述　東京佐川急便の渡辺元社長」と報じた。記事は、佐川急便の渡辺広康元社長が'89年7月の参院選の前に、自民党副総裁（当時）の金丸信から10億円の資金提供を求められ、秘書に5億円を渡した、という内容のスクープだった。

金丸は小沢をかわいがり、自民党幹事長に引き立てた重鎮だ。この報道が引き金となり、小沢は朝日新聞のグループ企業であるテレビ朝日の岩手進出に対して、便宜を図る気にならなくなったのではないかと山下は推測している。その後、この報道をめぐり、小沢と朝日新聞の間に「手打ち」の場面があったと山下は明かす。

〈小沢―朝日新聞の「手打ち」は、この年の暮れまでもつれ込んだ。会談相手に指名された新聞側からは、紙面づくりに責任を持つ編集担当の佐伯専務が相方に坐り、政治部長が同席した。テレビを担当する役員は陪席のように坐っていた。会場は全日空ホテルの日本料理店「雲海」の一室だった。

何が話し合われたのかは霧の中だ。紙面編集の最高責任者が相手をしたことは、憲法問題やら朝日の報道姿勢が論じられた、とみて、大きな間違いにはなるまい。「新聞社に言いたいことがある」と小沢が望んで持たれた会合である。テレビ局作りのためとはいえ、新聞が権力に擦り寄

り、借りをつくった一席となった、残念ながら、そう言わざるを得ない〉

当時を知る朝日新聞元幹部によると、小沢は会談の場でこのように言い放ったという。

「朝日の4局目をつくってもいいよ」

この会談が功を奏したのか、翌'93年3月2日、郵政省からテレビ朝日側に岩手第4局の電波の割り当てが行われた。

小沢と朝日新聞の「手打ち」といえば、私には忘れられない場面がある。

'94年4月、小沢が陰で操る羽田孜連立内閣から社会党が離脱を表明する際のことだ。小沢は、

「どの女と一緒に寝ようがいいじゃないか」

との暴言を口にした。

これをスッパ抜いた朝日新聞（'94年4月26日付）に小沢は激怒し、

「朝日新聞ちゅうのはアカ新聞か、ブラックジャーナリズム」

と罵倒。朝日新聞の取材を一切拒否するという異常な態度を取ったのだ。

さらに小沢は'94年5月16日、千葉・幕張メッセでこうぶちあげる。

「戦前の縮刷版を見て下さい。軍部の手先になって鬼畜米英、一億玉砕、聖戦完遂、大東亜共栄圏を唱えたのはマスコミそのものであります。（マスコミは）同じ過ちを犯そうとしている。正義の小さな枠を決め、そこから外れたらみな非国民だ、一億死んでも戦え、という論調が当時を

覆った。現在もそうです。彼らマスコミの正義の枠から外れたいろいろな意見は、私もそうだが、あれは権力主義者だ、国家主義者だ、反動だ、右翼だ、この一言で片付けている」

その後、取材に行き詰まった朝日新聞は、当時の秋山耿太《こうた》郎《ろう》政治部長（現在の社長）が中心となり、「手打ち」の〝小沢インタビュー〟をほぼ一面にわたって掲載した（'94年10月15日付）。これには、社内からも「小沢に屈するジャーナリズムの自殺行為だ」と批判があがったのだった。

岩手朝日テレビの本社ビル

いま思うにこの「手打ち」にも、郵政省の電波利権に隠然たる影響力を持つ小沢を慮《おもんぱか》ったことが背景にあったのではないか。

'95年6月、岩手朝日テレビはようやく予備免許を付与された。会社設立は7月21日。社長に就任したのは小沢後援会「欅の会」会長で、地元の大手建設会社・高弥建設社長（当時）の望月茂だった。山下は記している。

〈社長人事はここでも小沢側からの推薦で決まった。（中略）地元ゼネコンの（望月）社長の登場だった。県建設産業政治連盟会長で、下請け業者をも組織化し、一時期は三万票を動かしたとまでいわれた実力者でもあった〉

その望月は'08年11月、私にこう述懐した。

「テレビのテの字もわからないのに、（岩手朝日テレビの）社長になった。当時、私は地元の顔だったから、スポンサーが欲しかったんだろう。私が声をかけたらそっぽを向く人はいなかったからな。東京からテレビ朝日の役員が頼んできた。社長になって2年間ぐらいは週2回ぐらい常勤した。会社はすぐに黒字になったさ。私の給与は月額50万ぐらいだったが、どうせ税金に持っていかれるのだから返上した」

小沢は岩手で2つのテレビ局に隠然たる支配権を持ち、それが「小沢王国」を強固にする基盤になったといってもいいだろう。

一方、朝日新聞は地方テレビ局を作るために、小沢に大きな借りを作った。小沢一郎という権力者の正体と金脈の追及に及び腰なのは、テレビ局開設をめぐる触れられたくない過去があるためなのではないか。

第6章　岩手「小沢王国」の実像

岩手の土建屋〝集票システム〟

「（岩手県の）県北地域で（小沢への）支持を広げていこうと立ち上げた。会の設立総会は開いているが、具体的に何をどうやっていくかはこれからだ。会員がどのくらいいるかって……。そう聞かれても、頼まれて（二戸《にのへ》市の）支部長になっただけだから、オレからは言えない」

'08年11月17日、私はＪＲ盛岡駅から東北新幹線で北上し、約30分で着く二戸駅に降りた。山間の里、岩手県一戸《いちのへ》町に本社を構えて東北地方一帯でパチンコ店を経営し、岩手県遊技業協同組合会長を務める秋山照明（66歳）に会うためだ。

二戸駅から車で山間の集落を走り30分近くかかった。秋山は、小沢を支援するために設立された団体「欅《けやき》の会」（本部・盛岡市）の県北支部長に就いている。会社の前で半日ほど待ち、ようやく渋々といった表情で出てきた秋山に欅の会の活動について尋ねると、「これからのことだから」としきりに言葉を濁そうとするのだった。その眉間にしわを寄せた表情は欅の会という団体の実態を、なぜか覆い隠そうとしているようにも見えた。

小沢の後援団体、欅の会の支部は、県北・沿岸地域に続々と設立されていた。地元紙、岩手日報（'05年2月7日付）によると、'02年2月に久慈市に久慈支部、3月末に滝沢村と雫石《しずくいし》町を地盤とした岩手郡南支部を設立。これらを皮切りに'05年2月には宮古市、岩手町、二戸市の3ヵ所で合計約６７０名を集めて設立総会が開かれている。いずれの総会もなぜか、メディアに非公開だった。当時、民主党副代表だった小沢は東京から駆け付けて、こう訴えたという。

「次の衆院選では何が何でも政権を獲得しなければならない」

盛岡駅から岩手山を目のあたりにしながらＪＲ花輪線で北上し40分ほどの距離にある、八幡平高原の麓の町、平舘《たいらだて》。田圃は雪をかぶっていた。そこに岩手町で立ち上げられた欅の会の岩手郡北支部の支部長で、元西根町議の遠藤斉優《せいゆう》（63歳）がいた。11月23日の朝早くに訪ねた私に、遠藤は重い口を開くようにこう語った。

「欅の会は県北地域の票を掘り起こすために作った組織だ。選挙になれば主力部隊になることは間違いない。小沢さんにすれば県北制覇は念願さ。設立総会に来た小沢さんは『（政権を）代える』と言っていた。ただ、初めて小沢さんの顔を見る人が多かったな」

小沢は自身の故郷、岩手県南部に位置する水沢にまったくといっていいほど帰らない。にもかかわらず、岩手県北部に設立された欅の会の複数の支部総会に顔を出したのは、小沢が岩手の「全県制覇」に並々ならぬ野心を抱いてきたからに他ならないだろう。

現在、岩手県の衆院４選挙区のうち３議席を、小沢を含む民主党議員が占めている。２つある参議院の議席も民主党のものだ。残るは１つ、県北・沿岸部の選挙区・岩手２区で、ここは元首相・鈴木善幸（故人）の長男で、元環境大臣の自民党現職・鈴木俊一（56歳）が議席を守っている。

俊一の姉は首相・麻生太郎の夫人、千賀子だ。つまり、俊一は麻生の義弟にあたる。その俊一に対し、小沢は久慈市出身の国土交通省元官僚・畑浩治《こうじ》（45歳）を擁立。いま岩手2区は日増しに麻生と小沢の「代理戦争」が激化している。ここにきて、岩手の民主党参院議員らは岩手2区に貼り付け状態だ。小沢にとって欅の会は現在、岩手2区を落城させるために欠かすことのできない「主力部隊」といっても過言ではないだろう。しかし、その実態はベールに包まれている。いったい、「小沢王国」の岩手で、欅の会はどのような役目を担った組織なのか――。

欅の会は、小沢が自民党幹事長を経て最大派閥・経世会（竹下派）の会長代行に就いていた'92年7月、盛岡市で任意団体として設立された。初代会長には地元大手設計会社社長・久慈次男が就き、会員は約500人、会費は月額1万円だったという。当時の欅の会幹部はこう語った。

「最初は『小沢一郎を総理にしようじゃないか』という気運が盛り上がって、盛岡や県北の財界人が中心となって立ち上げたんだ。会員の大半は大手ゼネコンの下請けの建設・土木業者。ゼネコンがひと声掛ければ、岩手の業者はなだれを打つようにドッと集まった。その後、まさか小沢が自民党を飛び出すとは思わなかったが」

私の手元に'93年2月、設立まもないころの欅の会の役員名簿がある。

東北一円に影響力のある地元の大手建設会社、高弥建設の望月茂社長や、開局したばかりの地元局、めんこいテレビの赤坂俊夫社長、「ＪＲ東日本」の中村孝也岩手支社長など地元の名士が顧問に就き、副会長には大手ゼネコン、鹿島建設の盛岡営業所長、幹事には大成建設の盛岡営業所長が就いていた（いずれも肩書は当時）。

小沢が経世会の跡目争いに敗れて自民党を離党後、新生党を経て新進党を結成したのは'94年12月のことだ。翌'95年2月、欅の会会長に高弥建設の望月が就く。

同年4月、小沢は岩手県知事選に元建設官僚の増田寛也を新進党の候補として擁立。このとき、ゼネコンが大量に人員を投入した徹底的なゼネコン選挙を展開し、それに呼応する形で欅の会も主力部隊としてフル回転した。

欅の会は3月初めから約４００の業者に対し、30人ずつの名簿の提出を求めていた。ゼネコン選挙の本拠地になったのは盛岡市の旧市街地、バス・センター隣にある10階建ての大型高級マンション、「飛鳥さんきょうプラザ」の1階大ホールだった。

ホールはかつて食品スーパーが店舗に使用していた場所だけに奥行きがあり広かった。内部はいくつものブースで仕切られていた。公明党関係者の使う公明や電話部、名簿部、遊説部、車輛部、組織部、女性部、青年部などのプレートがブースごとに掲げられ、一日だけでゼネコン、地元業者ら約２００人がめまぐるしく出入りしていたという。マンションの4階４０８号室には中堅ゼネコン、福田組の盛岡営業所がいまもあった。

欅の会元幹部によると、約60社ものゼネコンが独自の「裏選対」をつくり、車や経費は各社自前で、5人前後の人員を連日のように投入したという。

欅の会もまた人員を投入し、企業の社員名簿や農協、商工会議所などの各種名簿を集め、女子社員らに片っ端から選挙協力の電話を掛けさせた。また、「ローラー作戦」と称して、選挙スタッフに地図と名簿を持たせ、増田支持を呼びかけて歩かせた。

寒い朝だった。盛岡駅から列車を乗り継いで訪ねた県北の元小沢系業者は、ストーブに手をかざしながら口を開いた。

「こんな片田舎にも大手ゼネコンの営業マンが足を踏み入れてきたよ。彼らは住民らの名簿を携えて、オレに『一緒に歩いて下さい』と頭を下げるんだ。オレが『なんで大会社がそこまでやるのか』と聞いたら一言、『(小沢の地元の)岩手は別だから』と言うんだ。とにかく小沢の選挙は、小沢の命令一下ですべてが動くんだ」

私が当時、岩手県建設産業政治連盟会長で欅の会の会長だった望月を'08年11月に訪ねた折、望月はこう述懐した。

「私が欅の会で小沢の率いる選挙戦に本腰を入れ始めたのは、増田寛也の知事選からだ。小沢さんからは人を介して『頼むよ』ということだった。建設省(当時、現在の国土交通省)の官僚からも『こんど寛也が帰るから頼むな』と言われてね。私は父親の増田盛《さかり》(元参議院議員)も応援していたからね。ああ、あの息子だと思ってな。私が動けば、（土建業界は選挙協力に）動く。影響力は大きかったはずだ」

事実、望月は'95年2月の増田の事務所開きで「（岩手県）建設産業政治連盟はいまだかつて負けた戦《いくさ》をしておりません」とぶっていた。

ただ小沢との関係について望月はこう呟いた。

「私は父親の佐重喜さんの時代から小沢さんは応援してきた。小沢さんとは何度も会ったが愛嬌がある。『望月さん』と親しそうに声をかけてくる。腹のなかで何を考えているのかはわからないけどね。ただ、小沢さんには情が感じられない。だから、深くはつき合わなかった」

翌'96年の衆院選でも同様に、ゼネコンと土建業者の協力によって、新進党から元外務官僚の達増拓也（現・岩手県知事）が岩手1区で初当選。小沢は着実に岩手を自らの「王国」に染め上げていく。

地元・岩手の「恐怖支配」

設立から十余年。'05年3月に、任意団体だった欅の会は小沢の政治団体として岩手県選挙管理委員会に届け出された。地元政界関係者の間では、小沢は来る総選挙を見越しての臨戦態勢に入ったと受けとめられている。

その「設立届」によると、会長は小沢の古参秘書の卓地《つくえじ》信也で、主たる活動区域は「岩手県全域」、主たる事務所と所在地は盛岡市の「達増拓也事務所内」と記されていた。つまり、衆院議員で民主党県連会長から知事についた達増の事務所に小沢の政治団体が同居していたのだ。欅の会の会則に、会の目的はこう記されている。

〈この会は、小沢一郎氏の政治活動に賛同し、さらなる飛躍を期待する会員個人相互の親交と研鑽を通じ、自由で創造性あふれる自立国家の確立に寄与することを目的とする〉

私にはこのフレーズが空しく感じられてならない。小沢は岩手県全域を〝制圧〟するために欅の会を作り上げ、自民党が議席を守る岩手2区の地盤にくさびを打ち込むために土建業者を意のままに操り、彼らを「集票マシーン」として再構築しているのだ。いったい、これのどこが「自由で創造性あふれる」行為だというのか。

欅の会元幹部は11月19日、雪の降る盛岡の小さな料亭でこう吐露した。

「欅の会は小沢がいかに岩手を裾野《すその》まで組織しているのかを誇示するための団体でもある。小沢が新進党時代のことだが、地元の建設業者はこの会に入会しなければ、小沢事務所に目を付けられた。いまだに小沢の選挙手法は、地元業者に名簿を要求することから始まる。業者は断ったり、名簿の人数が少なかったりすると、ランクを落とされて、公共事業の入札で不利に働くのではないかという恐怖心を抱かざるを得ない。仕事で干されないために必死にやる。それが小沢の選挙だ」

「恐怖支配」なのである。選挙協力だけではない。地元・岩手の建築業者は多額の政治献金も行っている。

小沢が代表の民主党岩手第４支部の政治資金収支報告書によると、県内の建設関連業者から'05年に１３３７万円、'06年に１３２９万円、'07年に１１４７万円と、３年で計３８１３万円の献金が計上されていた。

'07年に行われた岩手県知事選に、増田寛也は出馬しなかった。４期連続当選となることで、権力が増田に集中することを警戒した小沢が対立候補を擁立したからとも、増田が小沢との距離を取り始めたからとも言われている。

いずれにしろ、岩手では小沢の顔色を窺わなければ、県政が独り立ちできないことを象徴するエピソードだ。結局、小沢は衆院選に４期連続当選し、「小沢チルドレン」を自任する達増拓也を民主党推薦として擁立し、新知事に当選させたのだった。

小沢は、田中角栄以来の典型的な自民党的政治手法によって、岩手にゼネコンと地元業者丸抱えの選挙を持ち込んだ張本人だ。民主党の、小沢王国といってもひと皮剝けば、その実態は旧態依然とした「土建屋選挙」で成り立っていると言ってもいい。小沢は岩手で自民党から民主党に看板を掛け替えただけで、結局、その中身は何も変わっていない。業者に自身への忠誠心を強いるような王国はもろくも崩れ去るに違いない。

岩手県知事の「事務所費」疑惑

「原敬総理大臣が『平民宰相』だったとすれば、小沢一郎総理大臣は『国民宰相』として歴史に名が残るでありましょう。その『平民宰相』『国民宰相』両方ともが『岩手県民宰相』であることは、岩手にとってこの上ない誇りになるにちがいありません！」

東北新幹線の車窓に雪がひっきりなしに吹きつけ、一瞬なだらかな山々の風景が消え、一面真っ白になった。岩手が年が明けて初めての豪雪に見舞われた'09年1月31日、JR盛岡駅近くのホテルメトロポリタン盛岡ニューウィングで民主党岩手県連の定期大会が開かれた。当時、民主党代表で岩手県連最高顧問でもある小沢も、半年ぶりに地元・岩手に入って出席。その小沢を麻生太郎よりも総理大臣にふさわしいと持ち上げ、「国民宰相」などと歯の浮くような言葉で称える祝辞を述べたのは、岩手県知事の達増拓也である。

達増は盛岡市出身の元外務官僚で、'96年10月の衆議院選挙で初当選（岩手1区）。その後、衆院議員を4期務め、任期途中の'07年3月、知事選に立候補して、4月8日に当選した。

どちらの選挙も小沢の全面的な支援が功を奏し、達増はその小沢を師と仰ぎ見る。「小沢チルドレンであることが誇りだ」と公言してはばからない達増は、小沢王国を預かる城主ともいうべき存在だ。

私はその民主党岩手県連の定期大会より1週間前の1月24日から、何度か岩手県南地域に位置する花巻市郊外のひっそりとした住宅地に足を運んだ。JR花巻駅は、盛岡駅から各駅停車に揺られて40分ほどで着く。花巻は『銀河鉄道の夜』や『風の又三郎』などの童話作家で詩人の宮沢賢治の故郷としてつとに知られる。

その花巻駅西口から雪で凍てついた坂道を歩いて約10分、郊外の住宅地の一角に疑惑の「事務所」はあった。

しかし、そこは事務所というよりは、白い壁で覆われた古い2階建ての民家としかいいようがなかった。家の前には青いビニールで覆った簡素な車寄せがあった。郵便受けや玄関の周辺に事務所を示す表札や目印は何ひとつ見当たらない。玄関脇の壁に小沢のポスターが掲示されているのがわずかに目につくだけだ。住人の名が玄関上の表札にあり、そこには「木戸口英司」と記されていた。事務所とは名ばかりで、そこはたんなる秘書の自宅にすぎなかったのだ——。

木戸口英司。小沢の元政策秘書で岩手県議を務めた経歴を持ち、現在は達増の政務秘書を務めている。それ以前に木戸口は東京都世田谷区深沢6丁目にある、小沢夫人名義の秘書邸の一区画に住んでいたこともあった。

私が花巻市に足を運んだのは、達増の政治資金にいくつかの不可解な点があることに気がついたからだった。

岩手県選挙管理委員会（岩手県選管）に届け出のある達増の政治資金管理団体は、'96年1月に設立された「世界にはばたく岩手の会」（以下、岩手の会）だ。政治資金収支報告書によると、その「主たる事務所の所在地」は'05年と'06年は盛岡市内だったが、'07年は花巻市の住居表示で「木戸口英司方」と記されていた。会計責任者にも木戸口の名前が記されている。

なぜ、県庁所在地である盛岡市から車でさえ約40分はかかる遠い花巻市の郊外に、政治資金管理団体の事務所を移す必要があったのか。しかも、その事務所の所在地を実際に訪ねると、木戸口自身の自宅に他ならなかったのである。

達増が木戸口を政務秘書に起用したのは、岩手県知事就任直後の'07年4月末。政務秘書は「県特別職」にあたり、知事を補佐する職責で県庁の重要職だ。じっさい、達増は'07年6月の県議会で木戸口の政務秘書起用に触れ、こう答弁している。

「（木戸口の）行政執行上の透明性、公明性については当然確保する」

その木戸口の自宅に、達増の政治資金管理団体の事務所を置くことが透明なことなのか。しかも'09年1月26日の朝、自宅の玄関先で応対した彼の母親は、事務所の存在について「知らない」と繰り返すのだった。

――この木戸口英司さんの自宅に達増知事の事務所が置かれているのですか。

「ここは、まったくの民家。事務所なんてありません。（事務所は）盛岡のほうじゃないですか」

――達増知事の後援会の人が訪ねてくるとか、後援会から電話が入るというようなこともないのですか。

「世界にはばたく岩手の会」の「事務所の所在地」として登録されていた木戸口政務秘書の実家（撮影・中村將一）

「そんなことはまったくありません」

――事務所としての家賃をもらうようなことは。

「聞いたこともありません。そんなことはまったくしていません」

――達増知事がここを訪れたことはありますか。

「一度もないです。事務所は全部盛岡の方でしょう」

母親はしっかりとした口調でそう答えるのだった。近所の住民に聞いてまわっても、

「あの家は木戸口さんの自宅、知事の事務所なんて一度も聞いたことはない」

母親ですら否定する、政務秘書・木戸口英司の自宅に置かれた事務所の存在。これはいったいどういうことな

のか――。

岩手県選管によると岩手の会の事務所は'04年8月に盛岡市中央通2丁目のビルへと移転。その後、'06年12月下旬に盛岡市菜園1丁目のビル内に移り、さらに'07年5月、花巻市にある木戸口の自宅へと移転の届け出がなされていた。

'07年に限っていうと、1月から4月まで事務所は盛岡市にあり、木戸口が政務秘書に起用された直後の5月から12月までの8ヵ月間は木戸口の自宅に置かれていたことになる。

岩手の会は、'07年の政治資金収支報告書に人件費や光熱水費、事務所費などの「経常経費」を計614万7101円と計上している。そのうち事務所費は、433万5435円。政治資金規正法によれば、事務所費とは、本来事務所の家賃や電話使用料、切手代など、「事務所の維持に通常必要とされるもの」と規定され、一般に家賃が大半を占める。

'07年は木戸口の自宅が事務所として届け出されているが、自宅である以上、家賃の掛かりようがない。しかも、そこに住む母親が言うように事務所としての実体がないのだ。いったい、約433万円もの事務所費は何に使われたのか。

私は木戸口の母親と会った翌27日、県庁の秘書室を訪ね当の木戸口に直接疑問をぶつけた。

――母親は達増知事の事務所の存在を否定した。事務所としての実体がないのではないか。

「疑問を持つのは仕方がないでしょうが、実体がないということはない」

――岩手の会とは何らかの契約をしているのか。

「していない」

――では、なぜ'07年に約430万円もの事務所費がかかっているのか。

「('07年)1月から4月まで借りていた盛岡市内のビルの分でしょう」

――'07年5月、事務所が木戸口さんの自宅に移って以降、岩手の会から家賃はもらっているのか。

「もらっていない。電報や文具代など、せいぜい数万円程度しか掛かっていない」

――なぜ、花巻の木戸口さんの自宅に事務所の所在地を移したのか。

「知事選を終え、盛岡の事務所を閉鎖したからだ」

――木戸口さんの母親は事務所の存在を明確に否定していたが。

「老いた母の言うことですから……」

木戸口は自身の自宅に事務所の実体があると言い張った。では、4ヵ月で約433万円の事務所費を計上したという、盛岡市菜園のビルの家賃はいくらだったのか。

私の提示した疑問に木戸口は2月4日、文書で回答してきた。それによると、盛岡市菜園にあるビルの1階39・17坪と3階41・83坪の2ヵ所を岩手の会名義で借りたという。家賃については「公開が義務付けられていない」などを理由に公表を拒んだ。

盛岡市郊外で探し出したこのビルの所有企業によると、岩手の会が借りた1階の部屋の家賃は月額31万3360円、3階の部屋は25万980円で、合計は56万4340円。税込みでも59万2557円だ。4ヵ月では237万228円となり、家賃だけでみると約200万円の事務所費の使途不明金が出る。

しかも、1月から4月までの間、岩手の会が借りたこの部屋には少なくとも3つの事務所が「同居」していた。岩手の会に加え、知事選のための選挙事務所と、達増が知事選公示日（'07年3月22日）まで代表を務めていた政治団体、「民主党岩手県第1区総支部」（以下、民主党岩手第1支部）の事務所だ。

このうち、知事選の選挙事務所は岩手の会とは別に「たっそ拓也事務所」として選挙期間中の「3月22日〜4月7日分家賃32万9410円」を所有企業に支払っていることが、岩手県選管に提出された「選挙運動収支報告書」に記されている。

また、達増から階猛《しなたけし》が代表の座を継いだ民主党岩手第1支部は、'07年に818万9807円もの事務所費を計上している。

3つの事務所がそれぞれ家賃を負担しているのだとしたら、各団体が計上した事務所費の使途は、ますます不透明になるのだ。

達増は自ら登用した重責の政務秘書の自宅に自身の政治資金団体の事務所を置くことに何のた

めらいもなかったのか。公私混同の疑いをもたれるのは当然ではないか。達増は「政治とカネ」の問題により厳格さを求められる首長としての資質に欠けているのではないか。

小沢は'94年から'07年までの14年間で、総額15億円にものぼる事務所費を計上し、高級マンションなど数多くの不動産の購入代金に充ててきた。これは政治資金規正法の〝法の欠陥〟をついた脱法行為であり、事務所費を利用した小沢の資産形成ではないのかとの疑惑は、いまだに小沢についてまわっている。

小沢の「チルドレン」を自称する達増に持ちあがったあまりに不透明な事務所費疑惑もまた、小沢王国を揺るがす火種になっていくのではないか。

古参幹部らが小沢から離反

小沢の故郷、岩手県水沢市（現・奥州市水沢区）の実家。そこから国道沿いに10軒ほど離れた場所に、「小沢一郎後援会連絡所」との看板が掲げられた2階建ての建物がある。1階は薄汚れたレンガ模様で、ベージュ色の壁がくすんだ2階の窓にはいつも簾《すだれ》がかかっていた。いつ訪れても人の気配は感じられず、内部は昼間でも薄暗い状態だ。ポツンと置かれたサンダルだけが目を引いた。傍目《はため》にも、日常的に使われていないことが窺われる。

小沢後援会の古参幹部らによると、かつてこの建物は「小沢会館」と呼ばれていたという。

小沢は中選挙区制時代の'83年の総選挙で、辛くも最下位で当選を果たしたことがある。小沢が前半、選挙を仕切る自民党総務局長に就いていたにもかかわらずだ。その投開票日、ある古参幹部は水沢の実家で和子と一緒だった。和子は深夜になってもNHKの選挙速報に当確が出ないため、泣き崩れた。やっと当確の報が流されると、和子はその幹部に、

「(小沢)会館に連れていってくれないか。後援者の皆様にお礼を言いたい」

と泣き顔で頼み込んだという。その古参幹部は憤る。

「その小沢夫婦の、水沢など地元民へのいまの態度は何だ。一郎は昔から地元に足を向けようとしなかったが、この5年ほど前からは小沢の代理の和子も来ないし、選挙の時でも一言の挨拶もない。小沢会館も選挙で使うことはなくなった。たまに後援会の飲み会で使うぐらいだ。その上、一郎は『国替え』するかもしれないと聞くと、あまりに腹立たしい。選挙で苦しいころの一郎を一生懸命に応援した人ほど、『オレらをないがしろにしているのか』という気持ちになる」

'09年6月現在、小沢は代表代行であるにもかかわらず、民主党の公認を受けていない。公明党代表・太田昭宏の地盤、東京12区や、同党前幹事長・冬柴鉄三のいる兵庫8区の民主党公認候補はいまだに確定しておらず、自身の存在をことさら大きく見せるためなのか、小沢がそこに「国替え」する可能性が取り沙汰されている。

「選挙の神様」という虚像

いまでこそ「選挙の神様」との異名をつけられたりもする小沢だが、小沢後援会の古参幹部らは口を揃えるようにして「選挙の神様」と呼べるのはただ一人、小沢の母親・みち（故人）だという。ある元幹部は'08年7月29日、自宅の縁側に座りこう述懐した。

「みちさんは365日選挙をやっているような人で、いつも『あそこの家に行っていない、あそこはおろそかになっている』と口にしていた。最初の選挙のころ、野良仕事を終えた後の農家に一郎を連れて歩くと家々で酒を飲まされてな。『いや、いや』と遠慮したように断ると、『オラの酒が飲めねえのが』と言われる。一郎は酒が嫌いじゃないから、飲み過ぎてな。田圃のあぜ道に吐いては水を飲みながら家を回った。みちさんは一郎を溺愛し、『(酒で)一郎が殺されるのではないか』と気にかけオロオロしたもんだ。

　みちさんは最初、一郎を出したくなかったんだ。選挙の厳しさを身にしみて知っているから、一郎に苦労させたくなかったのさ。でも、後援会から『(父親の)佐重喜の票がなくなってもいいのか』と言われてな。三陸沿岸で一郎

'69年、母・みちさんとともに27歳での初当選を喜ぶ小沢一郎民主党前代表（写真・共同通信社）

は気性の荒い漁師から『オヤジ（佐重喜）とオメエ（一郎）はちがう』と、からまれたこともあった。

みちさんは気の強い人だったけど、口に出して人にとやかく言う人ではなかった。ましてや、一郎に意見をするところなんか、一度として見たことがない。甘やかされて育ったんだよな、一郎は。みちさんがいなかったら、いまの一郎はない」

小沢の初めての選挙は'69年12月の師走で、寒い冬だった。みちは運動員らに握りメシを出したが、人目につかない事務所の陰では息子の一郎に鰻を食わせていたという。

「まだ農業で食えたころさ。みちさんは農家の夫人らに声をかけて、『宮城奉仕隊』を組織したもんだ。年に30回ぐらいは東京に行った。5泊ぐらいの予定で水沢駅から夜行列車に乗り、途中で日光に寄って、3日間は宮城の掃除をした。伊豆に行くこともあったな。帰ってきたら、公民館で慰労会だ。そこには、みちさんも来た。みちさんは婦人に人気があったからなあ。結束は固かった。みんな東京に行けることを楽しみに働いていた……」

水沢に夏の大雨が降った'08年7月28日朝、私は杉林の生い茂る山中の一軒家を訪ねた。古老は古い箪笥《たんす》の引き出しから、薄茶色に変色した地元紙の記事の切り抜きを何枚も出してきた。そこには初出馬のころの小沢の写真が載っていた。そして、私に述懐した。

「みちさんは大物だあ。一郎のためなら何でもやった。一郎が選挙に立つ時だ。みちさんがオレに、『(旧岩手２区の）沿岸のほうはオラのほうに（支持者が）少ない。大船渡、陸前高田など三陸一帯は（元首相・鈴木）善幸さんが漁連をおさえているから、善幸さんに会って応援してくれるよう頼んでくれないか』と言った。いまで言えば、みちさんには先見の明があった。で、みちさんの親書を持って釜石線で長い時間ゆられて、善幸さんの水産会社に行ったさ。

善幸さんは帰っていた。みちさんの親書には『息子のことを漁業組合の組合長に声をかけてくださるよう頼みます』と書かれてあった。善幸さんは二つ返事で『すぐに応援します』と。その力は大きかった。後々、一郎が幹事長になったころだったか、その一件を話したら、一郎は『オレは善幸の世話になったことはねえ（ない)』と言い出した。オレは腹が立ってな。『何、言ってんだ。みちさんは、それだけ努めたんだぞ』と言ったら、一郎は『何、言ってるったって』と口をつぐみ黙ってしまった。何しろ東京育ちの一郎のことは（旧岩手２区で）誰も知らなかったからな。連れて歩いたもんだ」

古老は帰ろうとする私に、林からとったばかりで土だらけのタケノコを持たせようとした。そして、こう呟くのだった。

「みちさんには世話になった。が、息子の一郎には何の義理もない」

小沢が地元に足を向けなくなったのは当選３回目のころからだった。

「自分の力で大きくなったという態度が陰に陽に見えるようになった。『一郎、郷里に帰らなくてはならないぞ』と注意したら黙ってプイと横を向いて口をきかないようになってね」

別の元幹部によると、小沢が帰らなくなった時に後援会内部で「まだガキのくせに生意気だ」という不満が飛び出した。その後援会員らをみちは身をかがめてこう言って取りなしたという。「将来、偉くなって総理・総裁になるためには選挙で全国の応援に出なくてはならないということらしいんだ。なんとか一郎をこの選挙区で当選させてもらえないか」

しかし、複数の古参幹部は、地元を顧みない小沢から離れていった。

小沢が脅える元選挙参謀の影

私は小沢の不透明な金脈を取材するなかで、ある男の存在が気になっていた。小沢の元大物秘書で、「懐刀」とも呼ばれた高橋嘉信《よしのぶ》（55歳）である。高橋は'80年から小沢の秘書を約20年間務めた側近中の側近で、数々の選挙では小沢の「参謀」として怖れられてきた。

'00年6月、高橋は秘書から転身して、自由党から衆院選に出馬、初当選を飾る。しかし'03年、小沢率いる自由党が民主党と合併した直後に小沢と袂を分かち同年12月、民主党を離党。選挙への立候補も見送り、引退を表明した。以後、小沢と決別した理由についてはほとんど口にすることなく、沈黙を守っていた。ところが、'08年5月に突如として次期衆院選で岩手4区から立候補すると発表。小沢と全面対決する意欲を示したのだ（自民党は9月に公認）。

高橋は'08年9月23日、正式に出馬表明した際、「袂を分かつ事になったわけ」と題したペーパーを配っていた。

「小沢代表のもとを離れたり、見限って行った人は数え切れません」

こういう文章から始まり、小沢の人間性を突いている。

「小沢代表の政治手法は敵か下かで始まり、敵か下かで終っています。従う者だけをつくろうとすればするほど、自由闊達な議論は封殺されていくと思います。（中略）『親分からの金は十円でも押し頂け』。これは私が何度となく（小沢から）聴かされた言葉です。この言葉に内包するものは、完全な主従関係、仕える者のかしずく姿勢であります。さらに命令に疑問を抱く事すら許さないと言う強い意も含まれていたと思います。

小沢流のパラドックス的な言い方からすれば、腹の内を親分に見抜かれない従順さを持てという事になるかと思いますが、この考え方そのものが、代表の組織論の背景であります。選挙区の後援会といえども例外ではありませ

小沢一郎民主党前代表の右後ろにいるのが秘書を長く務め、その後、対立候補として岩手4区からの立候補を発表した高橋嘉信氏（写真・時事通信社）

ん。政治目的を支える事を約束し入会したのであれば、自分の意思決定には白紙委任すべきであるとの考えに立っています」

さらに小沢の政治資質についてこう不信感を露にしている。

「我を張らずに、国民のために身を捨てる覚悟さえあれば、日本の政治はもっと変わっていたと私は確信しております。政策を政局のカードにする小沢一郎はもう結構です。苦しい時代も、激動の時代も共に歩んできた者から見ると、代表は、政治史の中に生きる、権力の中に位置し続けることにだけ執着しているとしか見えません。福田総理との連立構想の際、もしやと思ったのですが、やはり、ご自分の存在、立場を優先されました。

さらに、私の知る限りでは、時間があっても国会に出席せず、選挙区に帰ることも望まず、地元紙には目を通そうとはされませんでした。地元陳情でも、ご自身で話を聞かれたことが何回あったでしょうか。(中略)こうも(小沢は)話されました。『自分を倒す人間が出るまで国会議員を続ける』と」

朝から小雨の降る10月26日、田圃に囲まれた郊外の自宅を訪れた私に水沢の元市議は玄関先でこう語った。

「小沢一郎の『国替え』(騒動)が起こっているのは高橋嘉信がいるからじゃないか。嘉信は、一郎のことはすべて知っている。一郎はそれが怖くないわけがない。国替えをせず、一郎が岩手4区から出たとしても、嘉信が気になって思っていることの半分もしゃべれないだろう。小沢の『国替え』の原因は嘉信だ」

小沢を「宿敵」としてきた元自民党幹事長、野中広務も'08年8月末、高橋について私にこう呟いたことがある。

「小沢一郎の周囲が『国替え』を口にしているのは、小沢のことをいちばん知りつくしている高橋嘉信に脅えているからだろう」

小沢にとって高橋は、決して侮ることのできない存在であることは疑いようがない。

私はその高橋を追った。しかし、なぜか高橋は頑《かたく》なに私と会うことを避けるのだった。小沢の実家にほど近い所に彼岸桜とつつじの名所として知られる水沢公園がある。小沢が幼年時代、近所の子らと遊んだ場所だ。岩手での小沢の取材はいたる所で何度も壁にぶつかった。私は公園の隅にあるベンチに座り、ブランコをぼんやりと見ながら夕方まで時間をつぶした。

結局、高橋に会うことはかなわなかった。が、夜も遅くになって電話で連絡ができた。私は高橋に、フジテレビ系列で盛岡に本社を置くめんこいテレビをめぐる小沢の巨額な「架空株主」疑惑（第5章参照）についてどう思うかと率直に質した。

高橋は意外にも「（一連の記事を）読んでない」と言う。私は疑惑の問題点を説明した。それに対し、高橋は重い口を開くようにしてこう語った。

「そういう事実があったとすると、全体像は（小沢）本人しか知らない。こういった場合、秘書は断片的に役割を命じられるだけだからだ」

全体像は小沢本人しか知らない――。この言葉の持つ意味はなにか。私の解釈で言い換えるなら、小沢はめんこいテレビの「架空株主」を仕立てあげて、自身が何を行い、どのような電波利権を享受したのかを決して忘れるはずはなく、ただ口をつぐんでいるだけということになる。秘書は小沢の命令なくして勝手に「名義貸し」の依頼を行うわけがないと高橋は示唆しているように聞こえた。

さらに、私は小沢が政権をとったらどうなるのかと聞いた。高橋はただ一言、突き放すようにこう口にした。

「失われた10年の繰り返しでしょう」

小沢が派閥・経世会の跡目争いに敗れて自民党を飛び出し、新生党を結成したのは'93年6月だった。それからの小沢は新進党、自由党と、結党と解党を繰り返し、民主党と合併するまでちょうど10年かかっていた。

最初に権力ありき――。10年の間に小沢は小渕恵三政権で自民党の乗っ取りを画策するが失敗。民主党と組むことでようやく乗っ取りにこぎつけ、その数の力で政権を奪取しようとしている。それは、小沢の満たされない権力欲から発した行動がもたらしたものではなかったか。長い間その小沢と対立する反小沢、つまり小沢一郎という一人の男をキーワードに政争が繰りひろげられてきたのではなかったか。高橋は、民主党が仮に次期選挙で「政権交代」に持ち込んだとしても、再び小沢によって民主党は分裂し、権力の座から滑り落ちると予見しているかのようだった。

「剛腕」、「壊し屋」と呼ばれてきた政治家・小沢にとって、自身の実体を身近で知りえた高橋は獅子身中の虫ともいうべき存在だろう。小沢の「国替え」説の真相はここに潜んでいるのではないか。

じっさい、小沢は「国替え」が現実味を帯びるような布石を打っている。岩手県の選挙管理委員会に対し、小沢はこれまで自身の政治団体を14団体届け出ていた。ところが、'07年末から'08年2月にかけて、「小沢一郎花巻後援会」「小沢一郎江刺後援会」「小沢一郎前沢後援会」など10団体の「解散届」を続々と選挙管理委員会に提出していたのだ。

解散した団体は、いずれも小沢の選挙区を中心とした地域の活動拠点だった。長い間、地元に足を向けることもなく、地元民との接点となる活動拠点を解散したのであれば、小沢はもはやこれまでの選挙地盤に未練を持っていないと見られても仕方があるまい。

水沢の住民はこう口にしてやまない。

「一郎が水沢に持ってきたものといえば、めんこいテレビ（後に盛岡市へ本社移転）と、胆沢ダムの2つだあ」

'96年10月の衆院選を前にしたときのことだ。当時、新進党の小沢側近議員の秘書はある会合で、小沢が聞こえよがしにこう不平を口にしたことを覚えていた。

「びゃあびゃあ、うるせえんだよ、松下政経塾出身の（若手議員の）連中は。黙ってオレの言ったことを、言われた通りにやっていればいいんだっつうの。オレだって、やっと自分の意見を言えるようになるまで25年はかかっているんだから」

黙ってオレに従っていればいい――。小沢の本性が専制的で、独断専行の手法を持つ政治家だということを象徴した言葉ではないか。私には水沢の地元民もがたがた言わずに、黙って言うことをきいていればいいんだと言っているように聞こえてならない。そこに一種の愚民思想すら感じるのは私だけだろうか。

水沢の街を歩くと、地元を一顧だにしない小沢に対する行き場のない不満は日に日に鬱積《うっせき》し、有権者の間では急速に小沢の存在感が薄れつつある。古参幹部は私にこう呟いた。

「近くで一生懸命、一郎のためにとやった奴ほど一郎から離れていった。とにかく、人の言うことに耳を傾けない。何よりもオレがオレがという性格だから、あいつが天下をとるようなことになったらこの国は大変なことになる」

長男の「世襲」問題

岩手県水沢市（現・奥州市水沢区）の田畑には早朝から雪が降り積もり、あたり一面、真っ白になった。街中が底冷えする'08年12月7日夜、私は水沢の郊外にある、元水沢市議で「小沢一郎後援会水沢連合会」会長の小野寺傳《つたえ》の自宅を訪ねていた。風呂上がりの小野寺はどてらを着込み、居間の炬燵《こたつ》に座った。熱い茶をすすりながら、小野寺はぽつり、ぽつりと語った。

「小沢さんからは正式に何の話も聞いていないんだ。いまは『岩手4区』から出馬してほしいと頼んでいるような状況だがなあ。『国替え』するとは信じたくないのさ。小沢さんが水沢に帰って来ないのは私にとっても頭痛のタネだ。が、小沢さんは政治家として最後までここから出ると信じたい……」

'09年6月現在、小沢はなぜか初当選以来の選挙区から出るかどうかをいまだに明言せず、「国替え」の可能性すら仄《ほの》めかしたままだ。

地元選挙区を預かる小野寺ですら、戸惑いの表情をにじませながら、

「（小沢は）ここから出ると信じたい」

と繰り返すだけだ。小沢から何も知らされていない様子だった。

岩手4区では20年間にわたって小沢に仕え、'03年に袂を分かった元秘書・高橋嘉信が立候補を

表明している。前述したように、小沢の「国替え」説には、小沢が高橋との「師弟対決」を回避したいがためではないかという背景がある。高橋は数々の選挙で小沢の「参謀」として暗躍し、彼の手の内を知り尽くしている侮れない存在だからである。

しかし「国替え」の理由が「師弟対決」の回避だけでなく、もう一つあることが浮上した。小沢が長男・一誠《かずまさ》（34歳）を自身の後継者として岩手4区から出馬させる世襲問題があるというのだ。

きっかけは、'08年12月1日付の毎日新聞に掲載された記事だった。

「『国替え』の有無　明言なし／地元・岩手4区　長男に出馬打診も」

記事によると、小沢は9月中旬、一誠に「オレの跡を継いでくれ」と出馬を打診。地盤を長男に譲り、小沢本人は公明党の太田昭宏代表の選挙区である東京12区からの立候補を検討したが、長男は出馬を固辞したという内容だった。

小沢は急死した父、元建設大臣・佐重喜の跡を継いだ2世議員だ。小沢が息子に地盤を継がせた場合、3代にわたる世襲議員が生み出されることになる。表向きは公明党の太田代表との対決を「国替え」の大義名分にしながら、その実、長男への世襲を企てたというわけだ。小沢もまた政治を家業にして子息に継がせることに固執する、旧態依然とした政治家だということを垣間見《かいま》せたといってもいいのではないか。

小沢は『小沢一郎・全人像』でこう語っている。

「俺は二代目だがね。たいがいの二代目、三代目は田舎で育ってないでしょ。しかし俺は中学三年までいたからね。人間形成に一番大事な時にね。それに、親父もお袋も、年齢がものすごく離れていた。俺はお袋の影響を受けている」

さらに、こうも語っていた。

「うちの親父はやるだけやったさ。（中略）俺、死ぬ前に親父に言ったもの。『やりたいことやって、したいことして』と言ったら、『そうだな』と言ってた。そりゃ、水呑み百姓から大臣やって、残るは総理大臣やらなかっただけだから、本望だろうな」

小沢の世襲問題について、前出・小沢後援会の会長、小野寺は躊躇《ちゅうちょ》した表情でぽつりとこう言うのだった。

「長男が後継者になる可能性について、私は何とも言えないな。小さい時に水沢の実家で見たぐらいで、どんな子に育ったのかまったく知らないからさ」

12月６日、早朝に会った「水沢一友会」会長の伊藤一守は仕事場の小さな応接室で向かい合いながらこう語った。

「長男は子供のころ、水沢で育ったらしいけど、彼について地元で知っている人はわずかではないか。長男の出馬となれば、対応を考えさせてもらう。われわれはイエスマンじゃないんだから、後援会だってすぐにまとまらないだろうな。いまでさえ、後援会の内部に『小沢さんはもっと帰ってこないとダメだろう』と不平を口にする人がいる。長男は何を、どういうふうにしたい男なのか、わからない。いきなり長男が出馬となれば、反発する人が出てくるかもしれない」

水沢の隣町、金ヶ崎は雪がこんもりと積もっていた。小沢の若手後援会を立ち上げた幹部は12月7日、玄関先でこう語った。

「小沢さんは次の総選挙が最後の勝負になる。岩手4区から出るものと信じていくだけさ。長男を後継にするといっても、一度も姿を見たことがないもんな」

また、JR水沢駅の裏手に住む小沢の中学時代の同級生は雪の中に立ちながら、こう呟いた。

「小沢君は何を考えているのか。サッパリわからん」

彼は小沢が東京から来て初出馬したとき、応援に駆けつけた一人だった。

地元後援会は、総選挙を控えて「国替え」説で当惑していたところに世襲問題が持ち上がり、迷走しているようだ。そもそも、世襲が取り沙汰された長男はいったいどのような経歴の持ち主なのか――。

小沢引退後の巨額資産の行方

小沢は和子との間に3人の男児をもうけた。長男の一誠は早稲田大学理工学部を卒業後、'98年4月、広島県江田島にある「海上自衛隊幹部候補生学校」に入学する。小沢が自由党の党首だった頃のことだ。

当時、小沢の側近に元参議院議員の田村秀昭《ひであき》（'08年1月、死去）がいた。田村は航空自衛隊幹部学校長（空将）を最後に自衛隊を退官して'89年に参議院議員に転身、小沢と行動をともにしていた。

防衛省関係者によると、小沢は長男・一誠が海自幹部候補生学校に入学すると、元空将の田村を自由党本部に呼び、一誠の境遇について相談を持ちかけていたという。田村は当時の防衛庁幹部に直接電話をかけ、小沢の長男の待遇について問い合わせては、こう口にしていたという。

「自分の息子を自衛隊に入れた政治家はほとんどいない。その一点をもってしても小沢さんはすばらしい」

その頃、和子は田村にこう語っていたという。

「小沢は、かねてから『男の子が4人いたら1人は政治家にして、3人は陸・海・空それぞれの自衛隊に入れたい』と言っていました。でも3人しか子供ができず、その夢はかなわなかったですけどね」

夫妻で幹部候補生学校の入学式と卒業式に出席するほど溺愛した長男だったが、一誠は海自幹部候補生学校を含め、わずか3年間で自衛隊を退官してしまう。それを知った田村はガックリと肩を落とし、「何だ、そういうことだったのか。結局、自衛官に向かなかったんだよなあ」と漏《も》らしていたという。小沢の長男の退官は田村が小沢と疎遠になっていくきっかけにもなった。後に田村は「小沢は（政治を）変えられない」と不信感を露にするようになったという。

その後、ロンドンに留学し帰国後、サラリーマン生活に入ったというが、いま、どこに勤めているのかはつまびらかにされていない。昔の一誠を知る人物は言う。

「彼は線が細く、影の薄い奴だった。もう一面で感受性に富んでいて、優しいところがある。自衛官に向くとは到底思えなかったな。父親の影響もあって自衛官になったのではないか。小沢の後継の政治家に向くとも思えない。むしろ、父に反発し、世襲から逃れようとしているのではないか」

小沢が長男に世襲を持ちかけた本当の理由はどこにあるのか。私は世襲の背景に、巨額資産の相続問題があるのではないかとの疑念を抱いている。

小沢が代表を務める政治資金管理団体、陸山会は高級マンションなど10億円超にのぼる膨大な不動産を保有している。小沢はこれらの不動産が陸山会のものであることを主張するが、名義が「小沢一郎」であることから、政治資金を用いた小沢の資産形成ではないかとの批判が絶えない。

　ところで、小沢は最近、引退を想定しているふしがあるという。小沢担当を務めたことのある全国紙政治部ベテラン記者はこう言う。

「岩手４区を息子に譲り、自身は東京12区から出る『国替え』は、息子のうち誰か一人でも『出馬する』と言わない限り成立しない話。小沢はいま、３人の息子と同居していますが、長男も次男も世襲を断ったようです。体調が思わしくないのか、小沢はあと1回当選したら辞める覚悟でいることが周囲にも伝わってきます」

　仮に息子に世襲することがなければ、小沢一郎名義の膨大な不動産はどうなるのか。日本大学法学部名誉教授の北野弘久氏はこう解説する。

「小沢さんが『自分は名義を貸しただけで、所有は陸山会だ』というのならば、第三者の立ち会いのもとで作成された公正証書にそう記さなければならない。そうした手続きが行われていないのであれば、不動産の所有者は実質的に小沢一郎ということになる。このままの状態では、登記上はあくまでも小沢さん個人の所有だから、小沢さんの死後、親族に私的に相続されることになってしまいます」

　小沢が世襲を諦めて引退したとしても、陸山会所有の不動産がどう処理されるのかはあまりに不透明だ。親族が相続するなら、小沢家の私人による税金の〝私的流用〟という批判が湧き上がってくるのは避けられない。

一方、仮に息子を説得し、後継者とできたならば、陸山会の不動産資産はどうなるのか。総務省政治資金課はこう回答した。

「政治資金管理団体の代表者を、別の政治家が引き継ぐことは可能です。具体的には、これまで当該団体を資金管理団体に指定していた政治家が指定を解除し、改めて別の政治家が当該団体を資金管理団体に指定すれば引き継がれる。その際残っていた資産はそのまま受け継がれます」

つまり、後継者が非課税で小沢一郎名義の資産を引き継げる可能性を否定できない。小沢の息子が政治家になろうがなるまいが巨額な不動産は親族に相続される可能性を多分に孕《はら》んでいるのだ。不動産の購入資金の原資には税金も入っている。こんな税金の使い方が許されていいのだろうか。

「国替え」説をきっかけに浮上した世襲問題は、図らずも小沢が政治資金を使った不動産の〝私的流用〟疑惑をいまだに解決できていない状態を浮き彫りにし、さらにその資産の相続問題まで露呈させた。

終章　「恐怖支配」の実態

党内にくすぶる不満

「小沢さんはメディアの前で『政権交代が実現したら、代表としての責任は果たしたい』と、総理に就くことへの意欲を隠しません。しかし『身体検査』をして一番危ないのは、小沢さん自身ではないか。金脈の不透明さは、誰が見ても攻撃しやすい。カネ絡みで集中砲火を浴びたら、小沢民主党政権は持ちこたえられるのか。政権を奪取したとしても、短命で終わりかねません。党内には、そのことへの不安が鬱積しています」

小沢を名指しでこう批判するのは、ほかならぬ民主党の現役幹部だった。小沢がまだ民主党代表を務めていた'09年2月6日夜のことだ。雪の積もる盛岡で達増知事の不透明な事務所費問題を取材した私は帰京後、その幹部と銀座4丁目で夜遅くまで開いているビアレストランで会った。

当時の民主党には暗雲がたれこめていた。

西松建設のダミーの政治団体による違法献金を受けていた十数名の政治家のなかでも突出して金額の多いのが小沢だった。しかし、誰一人として小沢にものが言えない、異常な閉塞状態にあった。

私は小沢の金脈を追いながら、いつもある疑念が頭をもたげてきてならなかった。なぜ、民主党は小沢の疑惑を真っ向から批判しないのか。小沢に対し沈黙しているのは、彼を怖れているからなのか。だとすれば、それは異様なことではないか――。

幹部は興奮気味にこうまくしたてた。

「ゼネコンが政治家にカネを出して、見返りを求めないはずがないんです。本来なら民主党は西松建設の違法献金に絡んだ『政界ルート』を洗うため、〝疑惑解明チーム〟を立ち上げていなくてはならない。ブレイクしなくてはならない場面だ。

ところが、誰もその口火を切らないんです。代表が他の政治家に抜きんでてカネをもらっていたのでは、（他党を）追及するどころか、こちらが〝自爆〟する地雷を踏みかねない。この問題に関しては、自主規制のブレーキが働いているというのが実感です。東北の公共事業が小沢さんの金城湯池だというのは誰もが昔から知っていることではないか」

小沢の金権体質を示す例は、西松マネーにとどまらない。

'07年11月、「防衛省汚職事件」で元防衛事務次官の守屋武昌と、彼を接待していた防衛商社、山田洋行の元専務が逮捕された。この山田洋行から陸山会に250万円、民主党岩手第4支部に350万円と、計600万円が献金されていたこともわかっている（発覚後、献金は返却）。

前出の民主党幹部はこう吐露した。

「小沢さんは（'07年10月）福田前首相に大連立という奇策を仕掛け、副総理などのポストを要求。それが党内の猛反発で失敗すると『（民主党に）プッツンした』と平気で口にする。プッツンという言い訳で大会社のトップが務まるのか。小沢さんは剛腕でも何でもない。一人よがりで党内を脅し、振り回しているだけだ。

党内の雰囲気はビクビクしています。『政治とカネ』の疑惑で、小沢さんの名前がこれ以上、飛び出すことはないだろうかと。小沢さんが自民党時代からゼネコンなどと太いパイプを持っているというのは、周知の事実です。小沢という存在自体が、民主党の抱える最大のスキャンダルだと言ってもいい」

小沢の率いる一新会は、衆参両議院の国会議員約50名で構成される民主党内最大のグループだ。民主党内の反小沢派が怖れていることはただ一つ。「政権交代」を目前にして、彼らが離党し、民主党が分裂することだけは避けたいというわけだ。

実際に民主党にはこう口にしてはばからない最高幹部もいるという。

「『政権交代』まで小沢のことは我慢だ、我慢」

何を我慢というのか。これでは、民主党は小沢の専制政治による私物化を甘んじて許しているようなものではないか。相互批判の自由闊達な議論など望むべくもない。そればかりか、小沢による返り討ちを怖れて、「政治とカネ」の疑惑を追及できないというのだから、無責任きわまりない。これを党利党略といわずして何というのだろうか。政権担当能力の欠落は目を覆うばかりだということを露呈《ろてい》したといってもいいのではないか。

国会内で2月10日に会った別の民主党現役幹部は、小沢の危険性について声をひそめるようにしてこう語った。

「小沢さんの口癖は『政権を取ったら、政策なんて何とでもなる』、『霞が関の官僚は黙っていてもついてくる』です。政権に就くために（民主党の）『数の力』を利用しているようにしか見えない。小泉（純一郎）元首相の劇場型政治と似ている。

今国会では代表質問に立たなかったばかりか、麻生総理との党首討論も避けている。党内での議論の場にも出てきません。国会の本会議中、衆議院は代議士会、参議院は議員総会を毎日、開いて打ち合わせをするが、小沢さんが顔を見せたことはない。そのせいで、党の要となる基本路線が明確になっていない。小沢さんは〝沈黙の艦隊〟が進むとでも思っているのでしょうか。民主党は年齢が若い分だけ〝清新〟なイメージがあるが、小沢さんがやっていることは旧来の自民党と同じ『密室政治』です。いずれ、腐ったメッキはニセモノとしてはがれるでしょうが」

「小沢は非常に気が小さい」

当時の小沢は、党内人事や選挙の公認権は言うまでもなく、'07年から'08年の2年間に限っても民主党に支給された総額229億4231万3000円もの巨額な政党交付金（＝税金）を差配する権限を握り、豊富な資金力で民主党を絶対的に支配していた。

小沢と'08年8月、袂を分かって民主党を離党し、「改革クラブ」を結成した元郵政相・渡辺秀央は私にこう語った。

「小沢は常に自分の地位とプライドを守ることに固執してた。地位を脅かす相手に対しては、気が小さい男だけに権力をカサに着て強圧的になる。政治は人間関係だ。一人では何もできない。しかし彼は人を自分にプラスになるか、どうかで峻別する。

相手が協力してくれるのは自分が偉いからだ。相手が困るからだと。そんな彼に『国民生活が第一』というような考えは念頭にないだろう。民主党の数を頼りに、権力奪取のためのパワー・ゲームに興じているだけなんです。民主党は小沢の私党ではない。その小沢に何も言えない民主党は、小沢と一蓮托生と見られても仕方がないでしょう」

このままの状態で民主党が政権を取ったらどうなるのか。自民党時代から小沢を知る全国紙の元幹部と会ったのは赤坂の古い喫茶店だった。元幹部は興奮気味に語った。

「小沢さんは究極のナルシストです。内心は非常に気が小さい。地元・岩手の『小沢王国』を見てもわかるように、小沢さんは自分に従わない相手を敵に見立て、その相手を攻撃し、打ち負かすことしか念頭にないような政治家だ。小沢さんには彼の師で、元首相の田中角栄のような人間の情がない。角栄は相手が生きながらえるようにし、とことん追い詰めるようなことはしなかった。『あいつも必要な奴なんだから』と情をかけた。政治家の能力でいちばん欠かしてならないのは情だ。それが小沢さんに決定的に欠落しているんです。これでは、党内はもちろん、国民を束ねていくことはできない。小沢さんにはこれをしたいという戦略性はなく、ただ『政権交代』という言葉を弄んで、権力を手にしようとしているだけではないか」

しかし、民主党は小沢の言うがままを許し、振り回されていた。政官業の癒着構造にどっぷりと漬かった政治家だということを露にした小沢を批判できず、どうして自民党と相まみえることができるというのか。

代議士会での反乱

'09年3月24日、東京地検特捜部は小沢の公設第一秘書・大久保隆規、西松建設前社長・国沢幹雄を政治資金規正法違反で起訴した。起訴額は、逮捕容疑の2100万円から増え3500万円だった。

「(秘書の大久保が) 逮捕されて以来、私自身が罪を犯したような印象を与える状況のなか自分自身、悔しい思いを抱きながら必死に耐えて頑張ってきた」

この日、同情を誘うかのように涙を流しながら、民主党代表の小沢一郎は会見でこう弁明した。

私には小沢が旧態依然とした「秘書が……」という常套句をもって、すべての責任を秘書に負わせようとする魂胆すら透けて見えてならなかった。さらに、小沢はこうも語った。

「進退は私一人で決するにはあまりに大事な問題なので、役員会、常任幹事会の判断を仰いだ」

この言葉は詭弁ではないか。

小沢が'07年11月、福田康夫政権との「大連立」構想が失敗し、代表辞任を口にした。結局、執行部の慰留《いりゅう》で辞意を撤回したが、その後、小沢はこう吐露していた。

「(大連立は)選挙で勝てる最大の方策で、自分の政治判断は今でも正しいと思っている。だが、みんなが望まないのだから、捨てる以外にない」

つまり、小沢は「大連立」を仕掛けた、自分自身の行動を悔い改めたわけではない。「みんなが望まないから」、その時は止めたというのだ。今回も同じだ。

責任を自身ではなく民主党執行部にすり替える狡猾《こうかつ》な論法なのである。

小沢が涙の続投会見をしてから3日後の3月27日、民主党の代議士会が行われた。小沢はその場でもこう居直り発言に終始した。

「犯人は小沢一郎であるがごとき印象を与える報道が続いている。私個人の問題ではない。(罪を認めれば)民主主義の根幹にかかわる」

その小沢の面前で「代表辞任」を求め、反旗を翻して発言をした若手議員らがいた。衆議院議員で民主党「次の内閣」文部科学大臣の小宮山洋子(60歳)ともう一人、衆議院議員で元党「次の内閣」経済産業大臣の近藤洋介（43歳）である。

小宮山は代議士会でこう発言した。

「小沢代表の（西松建設の違法献金事件をめぐる）法廷での闘争と、国民の皆さんが政権選択をするという選挙の戦略は全く別のもの」

'09年３月27日の代議士会で小沢前代表を批判した近藤洋介氏（右）と小宮山洋子氏（左）

そして小沢に代表辞任の決断を迫った。
「この事件が起きてから街頭に立つと、演説が途絶えるほど（有権者が）声をかけてくる。私の耳に入るのは、『新しい体制を作ってほしい』という声が圧倒的に多い。ある方は『こんなにカネをたくさんかけることをやっていたのでは、自民も民主も同じで（票を）入れるところがなくなった』とおっしゃる。とても悲しいことです。小沢代表は（自身の）近くの声だけでなく、国民の声を聞いて自ら判断してほしい」
近藤は小沢に対してこう切り込んだ。
「素性のわからない団体から、長期間にわたり、なぜ数千万円を超える献金をもらい続けたのか。何ら見返りを求めない巨額な献金について、違和感を持たなかったのか。企業、個人から寄付された政治資金は、具体的に何に使われてきたのか。国民はこの点を疑問に思っている。自身の事務所の資金の流れについて、自身の言葉で説明されることが、責務です」

結局、近藤の疑義について明確な回答は得られなかった。が、小沢は後に近藤に電話をしてきたという。

「近藤君が指摘したことは重要だから、いつでも来てくれ。説明するから」

近藤はこう言った。

「私への説明ではなく、国民への説明を求めているので、国民に説明して下さい」

ところが、小沢はこの要請に耳を傾けるどころか、何ら答えることなくガチャリと電話を切ったのだった。

党の独自調査を独り占め

その近藤に4月10日、私は改めて話を聞いた。

「私の感覚からすると、あの質問は当たり前のことです。代議士会の後、何人かの議員から『勇気のある発言だった』と言われたが、そのこと自体、(党内の空気は)異常ではないか。(カネの問題は)法廷闘争云々と言う前にディスクローズ(情報公開)しなければならないものです。この問題に堂々と答えられないようでは、政権を取ることも覚束《おぼつか》ない」

しかし、別の民主党中堅議員によると、小沢は西松事件で党内から噴き出した「代表辞任」の声を押さえ込むためにか、続投会見翌日に〝ある工作〟を行っていたという。

3月25日、次期衆院選の内定候補者複数に党本部から200万円が振り込まれたのだ。これは「公認料」、または「活動費」という名目だが、事前予告もなかったため、受け取った候補者の中には小沢への不信感を露にする者もいた。

「何だ、このタイミングは。（小沢は）『黙ってオレの言うことを聞け』とばかりに、口止め料を振り込んできたということなのか」

しかも、どの候補者にいくら振り込んだのか、小沢の采配に委ねられていて全体像は不透明だという。

小沢が党内のカネと人事を握り、党の若手らを自身の〝派閥〟に組み入れようとするのは、今に始まったことではない。

小沢はこれまで党が行っている世論調査のデータを独占し、幹部にもろくにデータの内容を知らせない。極秘扱いすることで議員の生殺与奪の権限を握ってきたのだ。そればかりか、その極秘の調査データを利用してすでに新人候補の青田買いを行っているという。

民主党の小沢グループは衆参合わせて約50人と党内最大の派閥を形成している。旧自由党時代から小沢についてきた国会議員がメンバーの中核で、うち衆院議員が一新会を名乗っている。小沢が党内での影響力を保つため、一新会のメンバーを増やすことに腐心しているのはつとに知られる。問題は、小沢がどのようにしてメンバーを増やしているかだ。

選挙が近づいてくると、小沢事務所の秘書らが民主党新人候補の選挙区をめぐる。秘書はまず、「小沢代表からです」と党が行った選挙に関する世論調査の結果を見せる。さらに再び「小沢代表からです」と言って、〝茶封筒〟を渡す。これは党から支払われている選挙の応援資金だ。その上で、秘書はこう持ちかける。

「『一新会』というグループに入会しないか。入会すると、選挙指南をするから」

入会の書類にサインをすると、2〜3日後に小沢事務所から秘書が派遣されてくるというのだ。

小沢は当選のためなら藁《わら》にも縋《すが》りたいという新人候補の心理を利用し、自身が独占している党の世論調査をちらつかせながら、派閥への入会を断れないような状況を作っていると非難されても仕方があるまい。ある中堅議員はこう憤った。

「党が行う世論調査のデータは候補者にとって中間成績表だ。ノドから手が出るほど欲しい。かつては代表が菅（直人）であれ岡田（克也）であれ、自分の選挙区のデータは受け取ることができた。小沢が代表になってからは候補者が現職議員でも知らされない。党のカネで行った調査を代表が独り占めにし、〝派閥固め〟に使用するのは、許されることではない」

これでは小沢の専制支配ではないか。小沢は党のカネ、人事、公認権は言うに及ばず、情報も一手に握り、党内での自由な言論をも封じているのだ。その小沢を「選挙の神様」と祭り上げているのだから呆れざるを得ない。

4月1日夜、東京・赤坂の飲食店で民主党正副幹事長の懇親会が行われた。この席に姿を見せた小沢に、出席者からこのような質問が出たという。

「ところで、田中角栄総理が生きていたら、今回の（小沢秘書逮捕の）事件をどう思いましたかね」

小沢はその瞬間、こわばった顔でこう吐き捨てるように呟いたという。

「オレは何も悪いことはしていないから、（角栄は）何も言わねえだろう」

角栄は自身が罪に問われたが、小沢は自身が悪いことをしていないから罪には問われないし、代表を辞める必要もないと強弁したというのだ。出席者が驚いたのは、師と仰いでいるはずの角栄に対し、突き放したような発言をしたことだけではない。小沢は気色ばみこうも言い放ったというのだ。

「検察はオレを消そうとしているんだよ」

〝消す〟と言う言葉を口にするとは尋常ではない。小沢は政治の場を、国家権力との闘争の場と勘違いしているのではないか。

近藤は民主党内の風潮にこう警鐘を鳴らす。

「おかしいことはおかしいと言わなければならない。それも言えないのであれば、民主党が政権を取ったところで『長い物に巻かれろ』になってしまう。『政治とカネ』の問題から逃げていたらこの国の政治は一歩も前に進まないのではないか」

小沢が代表の座だけでなく議員を辞職することこそが、日本の政治が変わる第一歩になるのではないか。

それにしても、たった2人だった——。

小沢の秘書が3月3日に逮捕されてから、小沢が民主党代表の座を5月11日に退くまでの約70日間、おおやけの場で小沢に政治家としての責任問題を突きつけたのは民主党でわずかに2人しかいなかったのである。

大半は当たらず、さわらずを決め込み、自らの手を汚そうとしなかった。西松事件を自らの問題とせず、対岸の火事のように振る舞っていたといっても過言ではない。その体質は、霞ヶ関の官僚らといったい、どこがちがっているのか。

繰り返しになるが、民主党は'04年、'05年の「マニフェスト」で「公共事業受注企業からの政治献金を全面禁止」という政権公約を掲げていた。その理由はこうだ。

「税金の還流で、政官業の癒着の温床になっている」

西松事件こそ、その政官業の癒着の典型ではないか。だから、その病根の巣を解明する自浄努力が試されたのではなかったか。しかし事実上、素通りしたも同然ではないか。

小沢は代表を辞任したことで、西松事件の責任をとったと口にし、民主党も事実上、それを容認している。しかし、本当にそれでいいのか。私は到底、認めることはできない。

私は、西松事件を自らの問題とできなかったことが、これから取り返しのつかない大きな汚点になっていくような気がしてならない。

あとがき

南部鉄器でつくられた、いくつもの風鈴がホームをよぎる風になびいてチリン、チリンとなごやかで静かな音をひびかせていた。

東北本線のJR水沢駅。駅では毎年5月下旬から8月にかけてホームに風鈴を飾ることが慣例になっているという。

'09年6月中旬のことだった。田植えから1ヵ月ほど過ぎた稲が田圃を青々と埋めていた。

私が小沢を追い、水沢に入ったのは1年余り前の'08年7月ごろだった。岩手・宮城内陸地震('08年6月14日)の爪痕が残っていて、列車はゆっくりと徐行運転をしていた。

そのころ、小沢一郎という実力者がいかなる出自に育ち、目の眩《くら》む巨額な金脈と蓄財を形成する政治家に至ったのかを調べ、報じようとするメディアは皆無に等しかった。小沢は政権交代を謳《うた》い、次期首相の最右翼にいたにもかかわらず、どこも本当の姿を検証しようとしなかったのである。

私は一人だった。メディアがどっと水沢になだれ込んできたのは、東京地検特捜部が3月、小沢の公設第一秘書を逮捕してからだった。私はそこにある違和感すら覚えた。

かつて「文藝春秋」（'94年10月号）で、時事通信社政治部次長（当時）・田﨑史郎は小沢のオフレコ発言のメモを暴露した。その中に、竹下政権の官房副長官だった小沢がリクルート事件に関連し、東京地検特捜部の情報が入らないことに苛立ち'89年4月5日、こう言い放ったという件《くだり》がある。

「検察は自分たちの狭い範囲の正義感でもって判断している。検察に政治が握られているような状況がいいはずがない。だいたい歴代の法相が人事をいじらないから駄目なんだ。人事をいじらない大臣なんて、役人は全然恐くない。だから安倍（晋太郎）さん（当時党幹事長）にも『あなたも総理になる人だ。法相をずーっと一人でやっているようだと問題になるから三人ぐらい有力者を選んで、交代でぐるぐる回して法務省を抑えましょう』と言っているんだ。だいたい、歴代の首相が法相を軽視してきたからいかんのだ」

政治権力が法相の首をすげ替え、司法を意のままに操ろうとしたというのだ。小沢という男の隠しもつ怖ろしさが露見した一言ではないか。

元自民党幹事長・野中広務は小沢が民主党代表の座を辞した直後、読売新聞（'09年5月12日付）でこう吐露していた。

「私が衆院議員になったばかりの１９８０年代、建設省（現在の国土交通省）に『小沢学校』と呼ばれるものがあった。毎年暮れの予算編成の時、事務次官室の奥の技監の部屋に政治家が夕刻から地元の産物と酒を持って、次官、技監、官房審議官、局長らと一緒に酒を傾けながら、予算の報告を刻々聞くのが当時の習わしだ。小沢氏は夜遅くきて上座にドンと座る存在だった。小沢氏らに認められなかったら『小沢学校』には入れなかった。私も建設政務次官を経験して古賀選挙対策委員長らと一緒にやっと入れた。小沢氏は当時から隠然たる力を持った存在だった。(中略)事件は『小沢学校』からの流れで起きたことだ。本当は政治の世界から身を引くべきだ」(西松)

田中角栄とその〝秘蔵っ子〟としての威光があったればこその「小沢学校」だった。

その角栄が'85年、脳梗塞に倒れ、長い闘病の末に75歳で死去したのは'93年12月だった。その1年余り後の'95年2月、もう1人、小沢にとってかけがえのない人物の母親、みちが93歳でこの世を去る。

2人とも小沢一郎という政治家の生みの親で、一心に小沢を寵愛した。いまでも、みちの面影について水沢の古老らはこう言う。

「いっつも、みちさんは『一郎のこと、頼むあんす』と頭を下げてなあ。この母親がいなかったら、いまの一郎はどこにもない」

角栄とみち。この2人の親を失ったとき、小沢がさらに権力をカネに変え、それに縋《すが》ることでしか生きられない男になったのではないか。

東京・霞ヶ関。朝からうっすらと霧におおわれた6月19日、民主党前代表・小沢一郎への違法献金事件で、政治資金規正法などの罪に問われた西松建設前社長、国沢幹雄らへの初公判が東京地裁（山口雅高裁判長）で開かれた。

小沢はこれまで、「（献金が）私や、私の秘書が相手方に対して便宜を供与したとか、あるいは何らかの利益をともなっていたとするなら甘んじて捜査を受けるが、そういう事実はない」と弁明してきた。

しかし、検察側は冒頭陳述で、小沢事務所は'80年代ごろから岩手県内の公共事業について、ゼネコンの談合組織に介入。ゼネコンが本命業者を決定する上で影響力のある「天の声」を発していたと指摘。

西松は小沢事務所から「天の声」を得るためダミーの政治団体を介した違法献金を行った。'97年には小沢側と交渉し、年間2500万円を献金することになった。

さらに、検察側が提出した大久保秘書の供述調書によると、大久保は「ダミー団体からの献金について、実態が西松だと知っていた」と認める供述をしていた。

西松が'03年に共同企業体（ＪＶ）で落札した岩手県発注の簗川ダムの工事では、談合の仕切り役が西松の担当者から「小沢事務所に了解をいただいた」と言われ、大久保に「西松が本命でよろしいか」と電話で確認。大久保から「そういうことで結構です」という返事があったとした。

これでは小沢の「一点の疚ましいことはない」という主張は、根柢から崩れたも同然ではないか。それでも、小沢は同じことを言い続けるのか。

虚飾に覆われた小沢の支配者の仮面はいつか、剝《は》がれ落ちる日がくるだろう。

本書は「週刊現代」'08年10月4日号から'09年5月4日号まで「小沢一郎の金脈を撃つ」と題し半年間、24回にわたり連載した記事にその後の取材も加え、大幅に加筆・修正したものである。

私にとっては同誌'94年1月1日号から連載した「初めて書かれた小沢一郎『裸の履歴書』」（『闇将軍――野中広務と小沢一郎の正体』講談社＋α文庫収録）以来の、長期にわたる小沢の連続追及だった。今回の連載は「週刊現代」編集部の支援と、取材のいくつかの場面で、記者の阿部崇、井上宗樹、平井康章の協力があった。また単行本化では知人の菅紘、元木昌彦らの励ましがあった。あらためて感謝したい。なお、文中の敬称は一部を除き省略した。

執筆に当たり、各紙誌を参考にさせていただいた。主な参考文献は以下の通り。

五百旗頭真・伊藤元重・薬師寺克行編『小沢一郎　政権奪取論』（'06年／朝日新聞社）、小沢一郎『日本改造計画』（'93年／講談社）、小田甫『小沢一郎・全人像』（'92年／行研）、『語る　小沢一郎』（'96年／文藝春秋）、田﨑史郎『竹下派死闘の七十日』（'00年／文春文庫）、東京新聞特別報道部・立尾良二『小沢ウオッチング』（'95年／東京新聞出版局）、中村政則編『年表　昭和史増補版１９２６〜２００３』（'04年／岩波書店）、日本経済新聞社編『私の履歴書―28―』（'67年／日本経済新聞社）、新潟日報社編『ザ・越山会』（'04年／新潟日報社）、野中広務『私は闘う』（'96年／文藝春秋）、山下隆一『マスメディアの過保護を斬る！　政官と握った男たち』（'04／アルフ出版）、『人間　小沢佐重喜』（'80年／小沢一郎後援会・陸山会）、松田賢弥『逆臣　青木幹雄』（'08年／講談社）、松田賢弥『闇将軍――野中広務と小沢一郎の正体』（'05年／講談社＋α文庫）

２００９年６月

松田賢弥

著者略歴

松田 賢弥（まつだ・けんや）

ジャーナリスト。1954年、岩手県生まれ。故・小渕恵三首相元秘書官のNTTドコモ株疑惑をはじめ、政界を抉る記事を多数執筆する。

'07年には『週刊現代』誌上で、赤城徳彦農水相（当時）の不正事務所費をスクープし、その後の「政治とカネ」追及の先鞭をつける。

著書に、『闇将軍――野中広務と小沢一郎の正体』『無情の宰相　小泉純一郎』（ともに講談社＋α文庫）、『逆臣　青木幹雄』（講談社）がある。

小沢一郎《おざわいちろう》　虚飾《きよしよく》の支配者《しはいしや》

2009年7月7日　第1刷発行

著　者　松田《まつだ》 賢弥《けんや》

カバー写真　岡田康且

装　幀　鈴木成一デザイン室

発行者　持田克己

発行所　株式会社 講談社
東京都文京区音羽2-12-21　〒112-8001
電話　編集部／03-5395-3438
販売部／03-5395-3622
業務部／03-5395-3615

印刷所　凸版印刷 株式会社

製本所　株式会社 若林製本工場

本文データ制作　講談社プリプレス管理部

落丁本・乱丁本は購入書店名を明記のうえ、小社業務部あてにお送りください。

送料小社負担にてお取り替えいたします。

なお、この本についてのお問い合わせは、週刊現代編集部あてにお願いいたします。


ISBN978-4-06-215611-0